AF130829

Mirco Wörmke

The Peace of Mastery

Wie du das Leben meisterst, wenn du ganz unten bist

united p.c.

© 2019 united p.c. Verlag

Dieses Buch wurde digital nach dem
neuen „book on demand"
Verfahren gedruckt.

Gedruckt in der Europäischen Union
auf umweltfreundlichem, chlor- und
säurefrei gebleichtem Papier.

ISBN 978-3-7103-4309-4
Lektorat: Heinz G. Herbst
Umschlagfoto: Nico Geiger
Umschlaggestaltung, Layout & Satz:
united p.c. Verlag

www.united-pc.eu

In Erinnerung an Freddy,
der Grund meiner Stärke.

Inhaltverzeichnis

The Peace Of Mastery (1. Teil)

Der Inhalt dieses Buches bedeutet mir alles. Der Inhalt dieses Buches soll dir Hilfestellung geben, soll dich weiterbringen, und vor allem soll er dir die Möglichkeit geben zu verstehen, dass du die Last, die du gerade tragen musst, nicht allein tragen musst. Dass du nicht allein kämpfen musst. Dass du auf deinem Weg Hilfe bekommst. Dass du nicht allein bist. Du bist stark, aber ich begleite dich ...

Damit du mich etwas besser kennenlernst:

1. Punkt: Gründe, die sagten: „Du schaffst das nicht!"
1990 hat sich mein Vater das Leben genommen. Er hatte eine bipolare Störung mit psychotischen Anteilen und scheiterte auf eine sehr tragische Weise an ihr. Er wusste nicht mehr weiter. Er wusste nicht, wie er für seine Familie, für die Menschen um ihn herum weiterfunktionieren sollte. Wie er den Abtrag des eben erst gebauten Hauses leisten sollte und wie das alles nur weitergehen sollte.

1990, sechs Monate nach meiner Geburt, nahm er sich dann (mit 27 Jahren) in unserem Wohnhaus, im Heimatort meiner Eltern, mit einem Strick im Dachstuhl das Leben. Meine Mutter fand ihn und kämpfte sich ab diesem Zeitpunkt mit mir allein durchs Leben. Meine Mutter tat für mich alles, opferte für mich alles. Meine Mutter suchte Schutz, zusammen mit mir, aber auch Hoffnung ... Hoffnung für ein neues Leben. Sie begegnete meinem Adoptivvater, und die beiden haben dann,

1994, geheiratet. Dann kam auch mein wunderbarer Bruder zur Welt, den ich sehr, sehr schätze. Für ihn waren wir da, für ihn waren wir eine Familie, wir waren nun zu viert. Ein neues Leben am Bodensee, in Baden-Württemberg, nahm seinen Lauf. Ich absolvierte von 1996 bis 2004 in Baden-Württemberg meine schulische Laufbahn unter anderem in Überlingen und Friedrichshafen. Ich spielte bis zu meinem Umzug nach Niedersachsen, Stade, sehr erfolgreich, ohne Verletzungen, unter Aufsicht meines Scouts vom SC Freiburg Fußball. 2004 haben sich mein Adoptivvater und meine Mutter nach vielen Schwierigkeiten nach meiner Konfirmation scheiden lassen. Die eigentlich schwere Zeit begann.

Meine Mutter wurde sehr schwer krank. Sie hatte lange Phasen, die sie ins Krankenhaus brachten, bis an den Rand des geistig Erträglichen und in denen sie kämpfen musste. Sie verlor sehr viel Gewicht, wog 48 kg bei einer Körpergröße über 1,70 m und war auf einmal suizidal. Ich erwischte mich an einigen ihrer schweren Tage dabei, dass ich mich nicht traute, abends schlafen zu gehen, weil ich Angst hatte, dass meine Mutter morgens, dann als zweiter Elternteil bereits, nicht mehr mit mir frühstücken würde. Manchmal saß ich da und sagte mir: „Mach es gut, Mama!" Nur um mit der Eventualität leben zu können, dann mit 15 vollständig allein im Leben zu stehen.

Das Problem dabei ist einfach, dass ich von den Anfängen ihrer Erkrankung nicht viel mitbekam, weil ich wirklich glaubte, dass sie bei meiner Verwandtschaft im Urlaub sei. Ich dachte, sie sei auf Kur, sie würde sich ein bisschen erholen. Also zählte ich als Jugendlicher mit 14 Jahren an meinem Kalender die Tage, wann meine Mutter wieder zurück nach Hause kommen würde. Ich freute mich schon sehr ... Ich habe die Kästchen immer abgehakt. Tag für Tag: 49 Tage noch, 48 Tage noch – doch, es kam, was kommen musste: Sie sollte nicht wiederkommen. Es sollte alles verändern.

Es kam dann dazu, dass ich in den Urlaub zu meinen Familienmitgliedern geschickt wurde, und plötzlich hieß es: „Du bleibst jetzt hier." Ich, in meinen Gedanken immer noch in den Sommerferien – und plötzlich ... Andere Schule, anderes Umfeld, keine Freunde mehr, und meine Fußballkarriere beim SC Freiburg in der Bundesliga sollte letzten Endes nie zustande kommen, weil ich nicht allein in Süddeutschland bei meinem Adoptivvater und meinem Bruder bleiben konnte und wollte, da ich unter den Aggressionen und der Gewalttätigkeit meines Adoptivvaters sehr litt. Er schlug zwar nie so zu, dass es Folgen gab, aber er verstand es, mich und meine Mutter lieblos zu unterwerfen, zu dominieren. Dein Bruder, für Jahre von dir getrennt, weil du mit deiner Mutter in den Norden ziehst, in deine Geburtsstadt, nach Niedersachsen. Dorthin zurück, wo der Albtraum durch den Suizid deines Vaters begann. Weil dort die Familie Halt geben konnte? Und ... weil du dich entscheiden musst! Du musst eine Entscheidung treffen! Entweder deine Fußballkarriere oder das Leben mit deiner Mutter noch einmal neu beginnen, ihr eine Stütze sein. Ich habe mich natürlich für meine Mutter entschieden. Das fiel mir sehr leicht, auch wenn ich einen hohen Preis dafür bezahlen musste. Die Fußballkarriere war damit beendet und der Platz im Internat vergeben. Der Traum mit 15 geplatzt. Was nun?

Ich habe sehr schnell im Leben feststellen müssen, dass man ohne Traum nur ein weiterer sinn- befreiter Hamster im Hamsterrad ist, der sich schlafen legt, wenn jemand das Licht ausmacht und der beginnt zu rennen, sobald es angeknipst wird.

Dann habe ich relativ schnell damit begonnen, leider Gottes, meine Zeit in Krankenhäusern zu verbringen, weil ich sehr schwer krank wurde. In meinem Gehirn machte sich eine Stoffwechselerkrankung bemerkbar, wodurch Noradrenalin, Dopamin und Serotonin immer im Ungleichgewicht sind. Bipolare Störung genannt. Das heißt, du hast das Problem, dass du entweder depressiv bist oder sehr euphorisch mit tollen, wahnsinnigen Gedanken. Dass du Ideen hast, für die du, wenn sie umsetzbar sein sollten, meist noch gar nicht die Fähigkeiten besitzt. Du glaubst, dass du alles umsetzen kannst, bis du dann irgendwann feststellst, dass du dabei bist, dein komplettes Leben zu zerstören. Dass du letztendlich dabei bist, dich zu zerstören.

Immer im Wechsel zu sein, zwischen Depression und Manie, das hat mich sehr viel Kraft gekostet und auch viel Zeit auf meinem Weg. Ich bin mit 15 dann tatsächlich das erste Mal für längere Zeit ins Krankenhaus gekommen. Meine schulische Laufbahn habe ich damit kurzerhand über Bord geworfen, wobei ich 2008 wieder für 2 weitere Jahre die Schule besuchen sollte. Mit 16, also 2006 und 2007, war ich insgesamt 6,5 Monate im Krankenhaus.

2009 habe ich meine damalige Freundin geheiratet. Dementsprechend dachte ich auch, das sei eine vernünftige Entscheidung für mich. Bis sich dann später irgendwann herausstellte: So vernünftig kann eine Entscheidung eines Manikers in einer akuten unkontrollierten Phase nicht sein. Wenn dann eine zweite Person noch mitzieht, weil sie davon nicht viel versteht, etwas beeindruckt von den Umständen und zusätzlich kurz nach der Hochzeit neu verliebt, kommt das eine zum anderen.

2009 habe ich meinen erweiterten Sekundarabschluss 1 mit einem Durchschnitt von 1,8 und mit Einsen in Physik und Geschichte nachgeholt.

Relativ schnell danach, im September 2009, habe ich die Entscheidung meiner Frau durch einen Arzt erklärt bekommen, dass sie mich verlassen wird, dass sie nicht bereit ist, die Krankheit mitzutragen. In meinem jetzigen Alter und mit der Sicht auf die Beweggründe kann ich das vollkommen verstehen. Es hat aber lange gedauert, bis ich an diesem Punkt angelangt bin. So war ich dann im Sommer 2009 zumindest mit meinem erweiterten Sekundarabschluss 1 ein Stückchen weiter.

13

Dann kam allerdings schnell die Scheidung, da wir uns freundschaftlich auf das Ergebnis einigten. 2010 und 2011 war ich neun Monate im Krankenhaus. Verbunden mit der Scheidung und der damit einhergehenden späteren Insolvenz. Die daraus resultierte, dass ich nach einem kurzen Schulintermezzo in London von dort eine Firma aus dem Boden stampfen wollte. Das war meine Schuld, mein Fehler. Ich hatte mich finanziell in einer manischen Phase übernommen und konnte die Konsequenzen nicht allein überblicken.

So kam dann alles düster auf mich zu: 2010/11 die neun Monate Krankenhaus mit Scheidung und Insolvenz, 2014 und 2015 war ich dann 12,5 Monate im Krankenhaus und 2016 noch einmal einen weiteren Monat.

Das waren immer Krankenhausaufenthalte, die man erst einmal aushalten und überleben muss. Der Körper tat nicht mehr das, was er sollte, und von logischen und souveränen Entscheidungen und Handlungen einmal ganz abgesehen. Schaden, den man selbst anrichtete. Der Körper leidet durch die Belastung, das Gehirn arbeitet auf Hochtouren, gaukelt einem Fähigkeiten und Begebenheiten vor, ohne wirklich etwas Produktives zustande zu bringen, und dann kommen noch Herausforderungen wie Scheidung und Insolvenz hinzu. Ihr wisst sehr genau, was ich meine. Das sind einfach Dinge, die einen herausfordern. Nein ... die dich bis in das dunkelste Loch einer Depression führen. Sie rufen dir hinterher: „So schnell kommst du da nicht wieder heraus!"

Von Februar 2016 bis Dezember 2017 war ich tatsächlich knapp 2 Jahre in einer Einrichtung für behinderte Menschen, d. h. da waren wirklich Menschen, die persönlich, allein bzw. selbstständig nicht mehr weiterkamen in ihrem Leben, die ihr Leben nicht mehr eigenverantwortlich führen konnten. Menschen, die gebrochen wurden. Durch eine Krankheit oder nicht auszuhalten de äußere Umstände. Kämpfer! Für viele wurde es zur Aufgabe, den Tag sinnvoll zu strukturieren. So auch für mich. Die kleinsten Alltagsangelegenheiten wurden zur allergrößten Herausforderung. Solltest du auch einmal in deinem Leben depressiv gewesen sein oder eine andere Erkrankung gehabt haben, wissen wir beide sehr genau, wovon ich rede.

Da war ich nun 2016: Eigentlich gefühlt am Ende meines Lebens. Mit 26! Würde ich im selben Alter wie mein Vater sterben? Mit 27? Einem Alter, in dem die Mehrheit noch keine Sorgen zu haben scheint? Ich wollte nicht mehr ... Keinen Schritt weiter.

Ich habe eine Entscheidung treffen müssen. Ich habe eine Entscheidung treffen müssen, in diesem Augenblick. Schmeiße ich mich wirklich vor den Zug oder lebe ich? Die zweite Option musste automatisch damit verbunden werden: „Wofür lebe ich?" Lebe ich für meinen Traum, lebe ich für ein Ziel? Lebe ich für das Ziel eines anderen? Was ist mein WARUM? Und wenn du die Entscheidung triffst hopp oder topp, Selbstmord oder Erfolg ohne Grenzen, dann musst du dir bewusst sein, was die Konsequenz von A ist: nämlich unsagbares Leid für die Angehörigen, und was die Konsequenz für B ist: möglicher Ruhm, Freiheit, aber auch Verzicht und unwahrscheinlich viel Disziplin. Täglich aufgebrachter Einsatz. Den Überblick hatte ich damals nicht. Ich wollte einfach nur mit allen Mitteln eine Veränderung. Mich verändern. Eine Perspektive. Es gibt für einen bipolar Erkrankten kein „Leben in der Grauzon". Es ist schlichtweg nicht möglich. Vieles ist möglich, aber nicht das. Das habe ich mir dann 2016 auf die Fahne geschrieben, ich habe mich entschieden, die Wahl getroffen und es durchgezogen. Ich war am Ende und wollte, so wie es war, nicht leben. Vielen da draußen geht es genauso, nur haben die meisten in der Situation nicht die Fähigkeit, das große Ganze zu sehen. Die Hoffnung scheint nicht existent. Ich hatte sie in dem Moment auch nicht ... Es war wohl Intuition und ein Stück weit ein Geschenk „von oben". Genau das macht die Annahme von Tipps von außen für den Betroffenen so schwer. Er sieht und fühlt nur das Leid und glaubt, es ginge ewig so weiter. Das tut es nicht. 2017 war dann der erfolgreiche Abschluss der Insolvenz, und ich war vollständig schuldenfrei.

Im März 2017 fing es dann an mit meinem beruflichen Erfolg. 2016 bin ich zwar jeden Tag, ja, jeden Tag 2 Stunden für 12 Monate ins Fitnessstudio gegangen, habe meinen Körper gestählt und meine Psyche geformt, aber irgendetwas fehlte. Mein Inneres sagte mir, es gäbe noch mehr. Das sollte nicht alles gewesen sein. 2017 begann es so richtig. Zuerst habe ich meine Ziele und Träume visualisiert, mir ein vision board gemacht und im Gefühl und in meinen Gedanken damit gearbeitet: „Was willst du?" und vor allem „Wann willst du es?", „Wie soll es aussehen?", „Mit wem willst du es?" usw. Das hat mir sehr viel gebracht, gerade das Visuelle war mir wichtig.

Ich bin tatsächlich mit dem Zug nach Hamburg gefahren, frühmorgens, mit allen Pendlern, und bin spätabends wieder nach Hause gekommen. Ohne einen von außen ersichtlichen Grund. Ich machte jedes einzelne Mal meinen „Traumspaziergang". Für mich war klar, was ich wollte, wohin ich wollte, und ich habe daher alles visualisiert und geformt, bevor man es in meinem Leben sehen konnte.

„Deine Träume verwirklichen sich in dem Maße, in dem du sie bereits jetzt, in deinem Herzen, lebst!"

Das war mein Leitspruch. Man sollte wenige Monate später all das als meine Realität bezeichnen. Ich habe mir tatsächlich alles spürbar gemacht, was passieren sollte, BEVOR es zu meiner Realität wurde. Als es Schritt für Schritt dazu kam, konnte ich meinen Augen kaum trauen, aber die „Wissenschaft" funktionierte. Der Glaube machte es möglich ...

„Alles ist möglich dem, der glaubt!" Markus 9, 23.

Dann kam im März 2017 die Möglichkeit, Prozesse für unterschiedliche Unternehmen zu übernehmen bzw. auf Provisionsbasis einige Produkte anzubieten und selbstständig zu werden, Auftraggeber zu bekommen und die Möglichkeit zu haben, wirklich zu wachsen. Täglich zu wachsen und auch beruflich Fähigkeiten zu entwickeln, die einem nicht nur Reisen in Privatjets ermöglichten, Mittagessen mit den Größen unseres Landes, sondern auch viele Möglichkeiten, Fähigkeiten und Kontakte, die mir viel bedeuten. Das, was mich wirklich geformt und geprägt hat, würde keiner auf dieser Welt freiwillig als Ausbildung auf sich nehmen. Es war die Zeit zwischen 2005 und 2018, in der mich die Erkrankung lehrte, meine Fähigkeiten zu fokussieren und zu kontrollieren. Immer wenn die Krankheit das Ruder übernehmen wollte, musste ich stärker, fähiger und souveräner sein und vor allem handeln oder eben gerade nicht. Es brachte mich schmerzhaft immer wieder an meine Grenzen und weit über das Erträgliche hinaus, doch ... Wenn du erst einmal spürst, dass du stärker bist als jede Herausforderung und gelassener wirst, weil du weißt, dass du alles überstehst, was da kommen mag oder eben mit dem Tod „leben kannst", ist das eine unbezahlbare Erfahrung und Erkenntnis. Wir sterben nicht an der Herausforderung. Wir sterben nicht durch das, was uns widerfährt. Wir sterben durch die Art, wie wir mit Erfahrungen umgehen und wie wir auf sie reagieren!

Das war die Zusammenfassung meiner Gründe, warum eigentlich nichts mehr möglich war. Das war mir wichtig, dass ich euch das noch einmal erzähle. Man denkt sich immer: „Ich bin der Einzige, dem es so geht, und nur mir geht es schlecht!" Das ist nicht der Fall. Du kommst da wieder raus. Wenn du es, mit Herz und Verstand, willst!

Punkt 1
„Gründe, warum nicht!"

Ich habe alles aufgeführt, warum eigentlich mein Leben für die Katz' war. Das hat mich noch mehr motiviert, das hat mir noch mehr das Bedürfnis bewusst gemacht, dass ich das schaffen will. Dass mir keine andere Wahl bleibt! Dass ich bei jedem Problem, bei jeder Möglichkeit, bei jeder Notwendigkeit, etwas zu verändern, wachsen kann und wollen muss. Dass ich in der Lage bin zu können, was mir keiner zutraut. Dass ich am Ende da stehen und sie sehen werde ... Die, die jetzt klatschen und anfangs mit dem Finger auf mich gezeigt haben. Und: dass es auf mich ankommt. Auf niemanden sonst.

Punkt 2
Entscheidung

Wenn du z. B. nicht genau weißt: „Wie komme ich zu meinem Erfolg, wie soll ich das nur schaffen, wie mache ich das?" „Keiner glaubt an mich, die Fähigkeiten sind noch nicht so gut, ich bin noch nicht vorbereitet!"

Dann muss dir eines bewusst sein: DU musst eine Entscheidung fällen. Jetzt. Hier und heute. DU musst bereit sein, das Ergebnis dieser Entscheidung bis zum Ende und VOR ALLEM UND ALLEN zu vertreten. Es wird hart, aber eines muss dir bewusst sein: „Es ist die Chance deines noch so jungen Lebens!" Die Entscheidung bedeutet also: „Gebe ich auf? Lasse ich es bleiben? Liege ich im Bett? Kapituliere ich vor all diesen Problemen und den Menschen, die mich mobben, oder lebe ich?" Eine Entscheidung treffen, bewusst, für meinen Traum. Jeden Tag. Mit jeder Faser meines Körpers. Wenn du das noch nicht kannst, verstehe ich das. Es war bei mir genauso. Nicht nur einmal, Hunderte Male! Du musst da allerdings hinkommen, und wenn du dieses Buch gewissenhaft durcharbeitest, wirst du das auch meistern. „Bin ich gewillt, jede Aufgabe, jeden Schritt zu gehen? Koste es, was es wolle? Bin ich bereit, meine Prioritäten danach auszurichten? Bin ich bereit zu verzichten? Bin ich bereit, Entscheidungen auch Menschen gegenüber zu vertreten, die mir was bedeuten, die mich vielleicht sogar auslachen?" Bin ich vielleicht sogar bereit, Geliebtes aufzugeben oder auf mir bisher Wichtiges zu verzichten?

Das ist das Thema Entscheidung. So ist das immer. Alles beginnt mit einer Entscheidung. In dem Moment, in dem du die Möglichkeit hast, erfolgreich zu werden, bedarf es zuallererst einer Entscheidung. Das ist ganz wichtig für mich, dass du das weißt. Erst NACH dieser Entscheidung beginnt dein Wachstum. Weil du erst dann bereit bist, alles dafür zu tun. Alles für dich in die Waagschale zu werfen. Weil du bereit bist, an dich zu glauben, für dich und deine Anliegen und Werte einzustehen, ja, förmlich gradezustehen, weil du dich ja, und jetzt kommen wir zu Punkt 3, weil du dich ja verpflichtet hast. Ab diesem Punkt in deinem Leben, weißt du, was es dich kostet, wenn du hinschmeißt. Wenn du aufgibst. Plötzlich tritt die Angst in dein Leben, die Antreibende, dass du etwas Gutes verpassen könntest, und das Leben beginnt, für dich an Wert zu gewinnen. Aufgeben? Spielt für dich auf einmal kaum noch eine Rolle. Ab heute hat dein Leben eine Bedeutung! Ab heute hat deine Investition von Arbeitsstunden einen Gegenwert, der auf DEIN Konto geht. Ab heute hat es für dich zählbaren Wert! Ab heute stehst du nicht mehr nur für andere auf, sondern auch endlich einmal für dich! Ja, für dich und deine Bedürfnisse. Keine Ausreden mehr.

Punkt 3
Verpflichtung

Wenn du eine Entscheidung getroffen hast, musst du dich auch dieser Entscheidung verpflichten. Dich ihr ganz und gar hingeben. Du musst dich dir gegenüber verpflichten, deinem Traum verpflichten, deinen Zielen verpflichten, und du musst die Verpflichtung sozusagen unterschreiben: „Ab heute gehe ich diesen Weg, was auch immer es mich kosten mag!" Ich gehe ihn, wenn es sein muss, allein. Du hältst erst an, wenn du angekommen bist ... Du wirst erfolgreich, und zwar musst du das wissen, BE-VOR es der Fall ist. BEVOR du es greifen kannst. Ja, bevor du es wissen kannst. Wenn dein Glaube während des Prozesses so gigantisch ist, als wärest du bereits angekommen, DANN wird es auch unweigerlich eintreten. Du kreierst in dem Moment deine Realität, indem du die Erdachte, für dich Überlegte, als deine Wahrheit anerkennst. Es ist unglaublich schwer, zu glauben, was du nicht sehen kannst. Es ist aber noch viel schwerer, mit dem als Wahrheit zu leben, was du durch das Gesehene und Wahrgenommene als Realität erfährst.

Bevor du es greifen kannst, solltest du die Verpflichtung eingehen und bereit sein, an dich zu glauben, bereit sein, deine Entscheidungen zu vertreten und bereit sein, dir den Erfolg zu holen, der für dich möglich ist. Möglich ist immer das, woran du glauben kannst, und woran du glauben kannst, hängt sehr stark von deinem Selbstwert, deiner Selbstwahrnehmung ab. Weißt du, dass du kannst, erlaubst du dir auch, dass du bist. Glaube mir, ich habe mich regelrecht erschrocken in Bezug auf die anfangs gesteckten Ziele, als ich realisierte, was tatsächlich möglich ist, wenn man groß denkt.

Punkt 4
Glaube

Der Glaube an dich, der Glaube an sich selbst, der Glaube an seine Ziele, Träume und Wünsche. Der Glaube an Gott? Wenn du bereit bist, an das zu glauben, was du noch nicht sehen kannst, werden andere Menschen irgendwann nicht glauben können, was sich bei dir ereignet. Das finde ich wundervoll.

Der Glaube. Der Glaube an dich, an das Gelingen, an das Wachstum, an die Entfaltung deines Lebens. Der Glaube, der dir hilft, wenn du in der Dunkelheit gefangen scheinst. Der Glaube an dein für dich Wichtigstes. Dass, wenn du etwas tust, irgendwann der Moment kommt, an dem es sich verselbstständigt. Dass du ein Momentum kreierst. Dass du in dem Moment, in dem du immer mehr dafür tust, immer mehr in die aufstrebende Richtung gehst, Unterstützung bekommst. Durch Ereignisse, spontan und geplant, Situationen und Menschen, an Orten, die du gar nicht für möglich gehalten hättest. Momentum entwickelt sich immer dann, wenn du in Harmonie mit dem Ganzen UND deinem Traum, deinem Ziel handelst und es dir gar nicht so vorkommt, als würdest du arbeiten, auch wenn du bereits 10 Stunden an deiner Aufgabe sitzt. Es scheint, als hättest du einen Energie-Drink getrunken, obwohl es nur Wasser war. Dein Herz scheint schneller und besser zu funktionieren, und es gibt dir das Gefühl, als würdest du dein Leben intensiver wahrnehmen. Alles durch die Freude am Tun, durch die Liebe zum Wachstum und deinem Ziel.

Zu dem Thema, wie du mit deiner Herzensangelegenheit etwas in deinem Leben, auch in Bezug auf Geld, wirst, empfehle ich dir das Buch von Wallace D. Wattles mit dem Titel: „Die Wissenschaft des Reichwerdens".

Punkt 5
Fokus

Der Fokus bedeutet insofern für mich sehr viel, weil du mit deinem Fokus dein Leben bestimmst. Ohne ihn bist du eine Henne, die absolut nicht weiß, wohin sie ihr Ei legen soll. Aber sie muss ja. Also flattert sie wild umher und gibt aufgeschreckt Laute von sich. Dieses Unterfangen macht sie ebenso müde wie die Henne, die genau weiß, wohin das Ei gehört. Ja, richtig gehört!

Wenn du in der Lage bist, deinen Fokus auf positives und lösungsorientiertes Handeln zu richten, bist du auch in der Lage, all deine Probleme und all deine Hindernisse anzugehen. Sie werden sich nicht von allein lösen. Handlung und Aktion sind immer noch die Schlüsselwörter im Prozess des Wünschens. Allerdings, wenn du deinen Fokus im Blick hast, kontrollierst du mit Übungen, Autosuggestion, die du regelmäßig ausführst, dein Denken, deine Sprache und dein Handeln. Du wirst zu einem anderen, einem fähigeren Menschen. Der Fokus bringt dich überall dahin, wo du jetzt noch nicht hinsehen kannst, was du jetzt noch nicht begreifen oder verstehen kannst. Die Kontrolle des Fokus ist das, was einige unter Mindset-Management verstehen. Steve Jobs (Apple-Gründer und Visionär) sagte einmal, dass wir erst wissen, was funktioniert hat und warum etwas so kam, wie es kam, wenn wir die Punkte rückwirkend miteinander verbinden. Im Blick auf das vergangene Leben. Der Fokus ist wie ein Laser, der das Sonnenlicht konzentriert auf einen Punkt bündelt. Die Richtung zu kennen und sie zielstrebig einzuschlagen, das ist eines der Geheimnisse. Das ist wie bei einem Kompass. Kein kluger Mensch würde mit einem Kompass eine Reise antreten, auf dem die Ausrichtung auf Norden fehlt. Du brauchst auf deinem Kompass, du brauchst für deine Reise eine Ausrichtung, einen Punkt, eine Orientierungshilfe, eine Richtlinie. Einen roten Faden, nach dem du handeln und entscheiden kannst. An dem du dich entlanghangeln kannst, wenn du einmal den Überblick verlieren solltest. Einen Weg, der „sich" kennt, auch wenn du es nicht tust oder ihn einmal nicht überblicken kannst. Etwas, das dich führt, das dich bestärkt, das deine Gedanken, Worte und Taten Tag für Tag bestätigt, wenn du dich an die Gesetze hältst, die es in unserer Welt gibt. Ja ... Etwas, das man unter Geisteshygiene verstehen könnte. Wenn du „das Wasser" in deinem Glas ruhig und klar halten kannst, auch wenn es auf einem Deck steht, welches von einer unruhigen See umgeben ist.

Das ist für mich der Fokus. Der Fokus ist das Ausrichten auf Norden, auf mein Ziel, meinen Traum. Auf den Sinn in deinem Leben, an den du mit jedem einzelnen Herzschlag erinnert wirst. Du weißt exakt, wo du hinwillst. Klar, der Weg ist immer variabel, der Weg ist immer anpassbar oder anzupassen, wenn plötzliche Unwägbarkeiten auf dich einprasseln, aber man sollte sein Ziel niemals anpassen. Niemals! Niemals! Warum? Es ist dein Leben! Veränderst du über Jahre nicht dein Ziel, erreichst du viel. Wir überschätzen gnadenlos, was wir in einem Jahr erreichen können, unterschätzen aber kolossal unser Potenzial in Bezug auf die nächsten fünf bis zehn Jahre! Trotzdem stellen wir uns oftmals hin und nehmen uns nur an Neujahr etwas vor. Abnehmen, um dann im März doch lieber wieder mit den Freundinnen ins Restaurant anstatt ins Fitnessstudio zu gehen. Nur um dann vom eigenen Gewissen den Rest des Jahres gepiesackt zu werden, weil die Rechnung jeden Monat vom Konto abgeht, ohne dass ich tatsächlich hingehe. Das war wohl nichts. Wir müssen uns Ziele stecken, Träume erdenken, in uns hineinhören, was wir in unserem Leben wirklich tun, sein und erreichen wollen und DANN die kleineren Etappenziele danach ausrichten, gegliedert in 10 Jahres-, 5 Jahres-, 1 Jahres- oder gar Monats- und Tagesziele. Um wirklichen Erfolg in diesen Bereichen zu erzielen, müssen wir uns dabei allerdings kontrollieren, da nur die Wenigsten sich etwas vornehmen können, einmalig, um es dann bis zum Erfolg durchzuziehen. Deswegen ist es so wichtig, dass du dein Ziel niemals reduzierst, minimierst oder Kompromisse bei dem für dich Wichtigsten in deinem Leben eingehst, womöglich kurz vor der Ziellinie aufgibst. Wir wissen nie, ob wir nach dem nächsten Schritt nicht der sein könnten, der wir wahrhaftig sein wollen. Nicht ausschließlich das Ziel sollte dich in Euphorie versetzen, sondern gerade auch der nächste Schritt, weil er dich zum Ziel, zum Traum führen wird. Wenn dich der nächste Schritt aufbaut, wirst du im Ergebnis eine Größe von Mensch sein. Kleine, überschaubare Bausteine aufnehmen und daraus ein imposantes Gebilde bauen, was alles bisher Dagewesene in deinem Leben überragt. Das ist für mich der Fokus.

Punkt 6
Basisarbeit

Basisarbeit bedeutet für mich, dass du jeden Tag wirklich das tust, was nötig ist. Jeden Tag 15–20 Minuten lesen, wird ungeahnte Fähigkeiten in dir zum Vorschein kommen lassen. Wenn du es JEDEN Tag für 10 bis 25 Jahre tust, womöglich lässt du es zu einer Gewohnheit werden und behältst es den Rest deines Lebens bei, wird es dir den Schliff geben, der so vielen fehlt. Du wirst wachsen und irgendwann stolz sein können, aufgrund deiner Disziplin, deiner kontinuierlich erbrachten Leistung, auf deine eigene Persönlichkeit. Es sind nur kleine, aber dafür tägliche Veränderungen, die dich groß machen. Es ist nur der eine Schritt mehr, den du tust, der dich von allen anderen und vom Durchschnitt unterscheidet! Ein weiterer Schritt, eine zusätzliche Aufgabe, die dich vor deinesgleichen glänzen lässt! Jeden Tag deine Glaubenssätze bearbeiten und verinnerlichen, jeden Tag lesen, dass du dich jeden Tag um Aufgaben kümmerst, die nötig sind, um deine(!) Ziele zu erreichen. In meinem Fall, ein erfolgreicher Buchautor und Unternehmer zu sein. „Was benötigst du dafür?" Beziehungen, Kontakte, Erfahrung und Fähigkeiten in bestimmten Bereichen. Ängste überwinden gehört ebenfalls dazu. Einen souveränen Charakter. „Was ist notwendig, um deinen Traum Wirklichkeit werden zu lassen?" Vielleicht musst du dafür auch erst einmal Dinge unterlassen? Das Falsche nicht zu tun, bringt dich oftmals näher an dein Ziel als alles, was du zusätzlich tun könntest. Viele Menschen gehen 3 Schritte nach vorn und irgendwo im Verborgenen machen sie dann wieder 2 Schritte zurück, weil sie vielleicht rauchen, weil sie vielleicht Alkohol trinken oder weil sie zu wenig schlafen oder eine ungesunde, schädliche Beziehung führen, die ihnen Zeit, Kraft und Nerven raubt. Erkenne deine „Mistkäfer" im Leben, die mit einem Haufen Mist über deinen Lebensweg rollen und glauben, dass sie alles richtig und alles gut machen. Weise sie in die Schranken! Sage mit ruhigem Gewissen NEIN! Dass du jeden Tag etwas Förderliches tust, darauf kommt es an! Jeden Tag eine kleine Verbesserung erreichen und, manchmal, keinen Rückschritt zulassen. Dass du an deiner Einstellung arbeitest, dass du vielleicht jeden Tag eine halbe Stunde joggen gehst. Dass du jeden Tag um den Block gehst. Dass du überhaupt einmal am Tag das Haus verlässt oder einmal am Tag mit einer Person sprichst. Dass du vielleicht auch einmal eine Hilfe deiner Familienmitglieder annimmst, wenn du auch glaubst und denkst: „Ich schaffe immer alles allein!" Große Werke in der Welt wurden niemals von einer Person allein bewerkstelligt. Delegieren ist hier ein weiteres Geheimnis für Erfolg. Manchmal ist es besser, eine Arbeit von jemandem zu 65% erledigen zu lassen, als es selbst zu 85% gemacht zu haben. Oftmals stellst du nämlich daraufhin fest, dass dir diese wichtige Zeit bei etwas anderem verloren gegangen ist. Das sind Kleinigkeiten, die dein Leben auf Dauer, für immer, verändern werden. Deswegen wünsche ich dir von ganzem Herzen, dass du deine Basisarbeit machst. Auch wenn du nicht „kannst", du wirst es können. Glaube mir. Dein Selbstwertgefühl, dein Selbstbewusstsein wird sich ebenfalls steigern. „Warum?" Jedes Mal, wenn du dir bestätigst, dass du etwas „wie besprochen" gemeistert hast, jedes Mal, wenn du etwas „wie vorgehabt" umgesetzt hast, wird dir dein eigenes Ego, dein inneres Kind, ein lautes „High Five„geben!

Punkt 7
Komfortzone

Viele Menschen sind immer nur darauf aus, dass sie nur tun können, was sie kalkulieren können oder dass sie nur das Risiko eingehen, was sie sich mit den bisherigen Fähigkeiten zutrauen oder zumuten wollen. Du bleibst meist in deiner Komfortzone. Der Blick über den Tellerrand bedeutet aber, dass du außerhalb deiner Box denkst. Das sagen viele berühmte Redner aus den USA. Viele sagen, du musst außerhalb deiner Box denken, du musst größer denken. Wir müssen unser gewohntes Gebiet verlassen und uns neuen Horizonten widmen, wenn wir in der Lage sein wollen, miteinander zu leben und individuell als Mensch, als Menschheit gesund zu wachsen. Größer zu denken als scheinbar möglich ist ein heißer Tipp. Klar wird er dich aus deinem bisherigen Leben katapultieren, und du wirst so manches Mal Angstschweiß auf deiner Stirn bemerken, aber anders geht es nicht. Angst ist gut, denn sie zeigt dir stets, wo Wachstum möglich und erreichbar ist. Sie zeigt dir oftmals in ebendiesen Momenten auch wie. Wenn du weitermachst, wenn du durchhältst und wenn du aktiv wirst. Abwarten, bis Mama hilft, ist meist nur als Kleinkind von Vorteil. Glaube mir, jedes Mal wenn du allein oder im Kollektiv mit anderen eine Aufgabe, die dir anfangs zu schwer erschien, meisterst, wird dein Selbstbewusstsein aufhorchen und feststellen, das „der Chef" doch nicht so doof ist, wie er es sich immer gedacht hat, und es (dein Selbstbewusstsein) wird steigen und sich entwickeln. Du wirst ein Leben leben und nicht nur ein Dasein fristen. Albert Einstein sagte einmal: „Der stärkste Ausdruck von Wahnsinn ist zu tun, was man immer getan hat, um dann zu glauben, dass man etwas anderes bekommt!" Und das ist im Prinzip der „Blick über den Tellerrand": Du musst dich über deine Fähigkeiten hinausdenken. Deine Möglichkeiten erweitern. Bis an das Vorstellbare gehen, es probieren und nichts unversucht lassen. Das, was für andere unmöglich scheint, alltäglich werden lassen. Klar wirst du der Meister im Scheitern sein, du wirst oft fürchterlich auf die Nase fallen, und viele werden dich schallend auslachen, aber das, mein Freund, ist der Preis, den wir im Leben bezahlen müssen, wenn wir leben wollen, wenn wir LEBEN wollen, wenn wir nicht etwas vom Kuchen abhaben, sondern unseren eigenen Lieblingskuchen backen wollen! Deinen Horizont, deine Rundumsicht vergrößern. Größer zu denken, als du dir jemals hättest vorstellen können. Dein früheres Umfeld wird dich für wahnsinnig halten. Wenn du ein Geschäft eröffnen möchtest, denke an 100 Geschäfte. Wenn du 1.000 Euro im Monat mehr verdienen möchtest, denke an 10.000 Euro. Das sind alles Dinge, die dir unbedingt helfen werden. Klar wird es nicht immer so sein, dass du 100% dieses übertriebenen Zieles erreichen wirst. Aber jetzt stell dir doch einmal vor, du erreichst 50% von 10.000 Euro mehr im Monat. Das sind 5.000 Euro im Monat. Wenn du jetzt z. B. das Ziel 1.000 Euro mehr im Monat hattest und davon 500 Euro im Monat bekommst, sind das ebenfalls 50%. Dann ist es klar: 500 Euro und 5.000 Euro sind ein himmelweiter Unterschied. Nur weil du größer gedacht hast! Weil du dich getraut hast. Weil du über deinen „Tellerrand" hinausgedacht hast. Alles, was die Größen dieser Welt jemals erreicht oder erschaffen haben, ist nicht dadurch entstanden, dass sie sich an den Rahmen gehalten oder das gemacht haben, was alle bisher getan haben. Der Mensch, der den ersten Fuß auf den Mars setzen wird, wird nicht auf einen Marsianer treffen, der ihm das bestätigt oder anhand einer Urkunde zertifiziert. Leader unserer Welt sind die Abenteurer von früher. Leader sind die Ersten, sie machen vor, was andere für zu groß oder unmöglich halten! Anders zu sein ist ein Segen, und wenn du derjenige bist, der von der Mehrheit als „anders" bezeichnet wird, sei froh, danke Gott, schaue erleichtert in den Spiegel und wiederhole Folgendes: „Sie sagten, ich werde nie mehr ein normales Leben führen und ... Ja! Sie haben recht! Ich mache den Unterschied!"

Punkt 8
Dankbarkeit

Dieses Thema haben schon viele große Leader eindringlich bearbeitet und empfohlen, und wisst ihr was? Sie haben alle recht ... Dankbarkeit ist wirklich das Ausschlaggebende, das Entscheidende. Wenn du dankbar bist, dann bekommst du automatisch. Dankbarkeit zieht unbedingt mehr von dem nach sich, weswegen du Glück empfindest, worüber du dich freust, wofür du dankbar bist. Weil sich da oben das Universum/Gott denkt:

„Mensch, der freut sich darüber! Dann wird er sich über das Nächstgrößere sicherlich auch freuen. Dann wird er sich über diesen Menschen, dem er scheinbar plötzlich in seinem Leben begegnet, auch freuen. Dann wird er sich über die Gesundheit seiner Kinder auch freuen. Wenn er sich freut, dass die Verkäuferin rücksichtsvoll mit ihm umgegangen ist, dann wird er mit Sicherheit auch gut in einer Beziehung mit einer Frau harmonieren! Dann bekommt er die Frau seines Lebens! Eine, die zu ihm passt, die ihn gut behandelt, die er gut behandeln kann, weil er es zuvor bereits bewiesen hat. Dann bekommt er die Frau seiner Träume." Wer dankbar ist, auch wenn es offensichtlich nichts gibt, wofür er dankbar sein könnte, hat all das Gute im Leben verdient! Viele sagen zu mir: „Mirco, du hast so viel einstecken müssen und so viel Leid ertragen, warum bist du noch so zu anderen? Du scheinst so voller freudiger Erwartung. Und warum lächelst du immer?" Meine Freunde, deswegen! Gerade die Menschen, die viel durchgemacht haben, sind diejenigen, die wissen, worauf es ankommt – und sie sind für das, was sie haben, können und sind, unendlich dankbar. Sie wissen, dass die eigentliche Macht, die stärkste Kraft dieser Welt die ist, die du nicht zum Unglück anderer oder dir selbst einsetzt, sondern so lange an dir arbeitest, bis du sie lenken oder gar kontrollieren kannst. Menschen wie DICH, meine ich. Jemand, der Unfassbares ertragen hat, dies aber zum Wohl aller einsetzt oder gar nicht erst im negativen Sinne zum Vorschein kommen lässt. Dankbarkeit solltest du immer in deinem Herzen tragen und diese Fähigkeit in deine täglichen Wachstumsprozesse mit aufnehmen. Egal, ob dich jemand schlecht behandelt, egal, ob du mal etwas bekommst oder nicht bekommst. Ob du das Ersehnte vielleicht verpasst. Egal, was DU durchmachen oder erleiden musstest. Dankbarkeit, im Großen und Ganzen und nicht bezogen auf das Negative, ist wirklich der Schlüssel. Gesundheit und Reichtum folgt auf Dankbarkeit. Man bekommt beides eher selten, wenn du sagst, dass du erst dankbar bist, wenn du empfängst. Du musst „empfangen" können, bevor du „hast".

Eines möchte ich zum Thema Dankbarkeit äußern.

Ich behaupte, dass es eine physisch erfahrbare Energie im Universum gibt, die in Relation zur Ursache einer Aktivität reagiert und somit auf positiv gestaltende Ursachen schöpferische und lebensbejahende Auswirkungen nach sich zieht und entsprechend gegensätzlich auf negative, zerstörerische Ursachen dunkle und schlechte Auswirkungen zum Vorschein bringt. Ich denke, damit sei die Bedeutung der Dankbarkeit treffend beschrieben. Du richtest das Fest aus, welche Gäste du einlädst, ist dir überlassen. So ist es auch mit der Energie und deinen entsprechenden Gedanken. Alles, was von dir ausgeht, kommt in der Form zu dir zurück. Rhonda Byrne beschrieb es in ihrem Buch „The Secret" mit der Inschrift einer Smaragdtafel: **„Wie innen, so außen."**

Punkt 9
Sorgen-Produzent

Bist du ein „Sorgen-Produzent"? Bist du ein „Problem-Sucher"? Ein „Problem-Finder"? Ein „Angst-Macher"? Tust du manche Dinge nur, um herauszufinden, was bei anderen scheinbar falsch läuft, damit du up to date bist? Oder bist du ein lösungsorientierter Kapitän auf stürmischer See? Manövrierst du zwischen den Eisbergen hindurch und nicht auf Eisberg 1, Eisberg 2 und auf Eisberg 3 zu? Schreist immer über das ganze Deck, so dass es alle hören können: „Achtung! Achtung! Wir sinken!" (Sicherlich kennst du auch diesen Typ Mensch): Er rennt wie eine vom Fuchs getriebene Henne von seinem Steuerrad weg, in Richtung „Stall." Bist du einfach jemand, der zwar Probleme wahrnimmt, wertfrei wahrnimmt, der diese Probleme sieht, aber auch sofort auf die Lösung zusteuert? Das ist auch ganz entscheidend:

Bist du ein Sorgen-Produzent, oder achtest du auf das, was DU dir wünschst und vom Leben erhoffst? Was du gerne erreichen, sein und haben möchtest, oder siehst du nur, warum das gerade jetzt so gar nicht geht? Wir ziehen nämlich den Menschen, wenn wir ihnen das Negative, sozusagen unseren „Fund" präsentieren, aktiv Energie ab. Wir werden zu Dieben! Deswegen richte dich mit deinem Fokus auf deine Ziele, auf deine Wünsche, auf deine Träume und auf das, was du hast, aus. Mit Dankbarkeit im Fokus sowie stets lösungsorientiert und positiv. Nur wenn wir uns darauf ausrichten, was uns hilft bei der Lösungsfindung und dessen unmittelbare Umsetzung, was uns und andere im Leben weiterbringt, werden wir auch mit unserem Problem umgehen können. Wir benötigen eine positive Geisteshaltung. An dieser Kreuzung werden wir in der Lage sein, uns keine Probleme mehr zu machen. Ich liebe die deutsche Sprache: „Uns keine Sorgen machen!" Das bedeutet nicht, dass wir nie Probleme hatten, haben oder womöglich haben werden. Niemand garantiert dir ein entspanntes und sorgenfreies „Easy Life." Niemand ist dir genau das schuldig! (Moment. Dachte ich!) Du wirst jedoch von Problem zu Problem fähiger, souveräner, größer, geschickter und besser. Wir müssen uns bewusst sein, dass wir uns alle Probleme, die wir haben, selbst machen, wie unsere Sprache es so eindrucksvoll entlarvt! Wir ziehen sie sprichwörtlich an. Wir tun manchmal sogar alles dafür, dass sie um jeden Preis bei uns bleiben, unsere gut gehegten und großgezogenen Probleme. Diese bewusste Haltung hat mit der Art zu tun, ob wir Verantwortung übernehmen oder nicht. Sind wir in der Lage, für alles in unserem Leben die Verantwortung zu übernehmen, bedeutet das ebenfalls, dass wir alles in unserem Leben zum Positiven verändern und Großes erschaffen können! Das ist der Sinn hinter dem Wort „Freiheit", das ist die eigentliche Chance in jedem Übel unseres Lebens. Verantwortung ist eine Art Paradoxon. Je mehr wir davon übernehmen, desto freier werden wir tatsächlich im Blick auf das große Ganze. Ob es wirklich so ist, dass wir an allem „schuld" sind oder nicht, ist dabei völlig uninteressant. Schuld interessiert in dem Fall nicht. Die Schuldfrage beruhigt meist nur das Gewissen und niemals die raue See. Wem wir die Schuld geben, dem geben wir die Macht! Schuldzuweisungen sind ein Garant dafür, verbittert alt zu werden. Nicht alle betagten

Menschen haben mir dieses Geheimnis aus eigenem Mund und freiwillig verraten, aber ich sage Ihnen eines: „Manchen sieht man diese Tatsache schlichtweg an. Außerdem ist es wirklich so, dass wir Beziehungen oder Geschehnisse schlichtweg verpassen, wenn wir glauben, dass es besser sei, wenn wir den Kontakt zum anderen abbrechen oder zu diesem oder jenem nicht hingehen. Wir behalten zwar recht, aber schöne Erinnerungen entstehen nicht dadurch, dass du schlechte Erfahrungen nicht zulässt. Du musst schon gute kreieren. Manchmal bedeutet das auch, aktiv werden, obwohl du dann dein Recht, die scheinbare Wahrheit, noch einmal aus einer anderen Perspektive beleuchten musst. Also los! Übernehmen wir das Ruder in unserem Leben! Werden wir Boss anstatt Buhmann und legen wir los.
„Laaaand in Siiiiicht!"

Punkt 10
Faktenorientiertes Handeln

Faktenorientiertes Handeln bedeutet, dass du den Nutzen und die Tatsachen in der Situation erkennst. Egal, ob dir jemand Unrecht getan oder sich falsch verhalten hat: Stelle die gemeinsame Absicht über die „Hindernisse", und du wirst sehen, dass der Nutzen ein größerer ist als die scheinbar verursachten Kosten. Kannst du das große Ganze und eure gemeinsame Absicht erkennen? Manchmal steht uns unser Ego im Weg, weil es sich verletzt fühlt, und oftmals reiten wir uns erst in den Dreck, wenn wir egogesteuert oder auch im Affekt handeln. Befreie dich von der Tragik der Reaktion und komme in das Erschaffen. Vielleicht hatte die Krankenschwester einen superstressigen Patienten vor dir und du kannst ihr jetzt, mit deinem Lächeln, eine Stütze sein. Erst wenn du das zerbrochene Glas als das, was es tatsächlich ist, siehst, was deine Tochter/dein Sohn da im vollsten Ausdruck purer Freude und mit einem Glucksen in der Stimme vom Küchentisch gefegt hat, wirst du bemerken, dass es nicht hilfreich bei den Aufräumarbeiten ist, vor dem Kind wütend zu fluchen, rot zu werden und es mit erhobenem Finger zu tadeln.

Ein Beispiel:

Du kennst das doch auch ...
Dein Boss behandelt dich schlecht und bezahlt dich nicht entsprechend deinen Leistungen.
Hierbei ist es wichtig, dass du abwägst:
„Was ist mir wichtiger?"
Die Persönlichkeitsentwicklung auf dem Weg, während ich die Arbeit verrichte oder die temporäre Bezahlung und damit die Lösung gegenwärtiger Probleme. Hier spielt ein Fakt eine entscheidende Rolle!
Deine Persönlichkeitsentwicklung löst eventuell die langfristigen persönlichen und monetären Probleme. Hier ist es wichtig, dass du das große Ganze erkennst und dich nicht in Emotionen verstrickst. DAS ist mit faktenorientiertem Handeln gemeint.

Punkt 11
Der Fehler

Fehler sind wichtig. Fehler sind wertvoll. Eigentlich sind Fehler Geschenke des Lebens. Du kannst nur wachsen, wenn du Fehler machst. Das ist wie beim Muskelaufbau. Wir provozieren die kleinen Risse der Muskulatur, damit sie dann, in Zeiten der Ruhe, besser und stärker zusammenwachsen und beim nächsten Mal, bei der nächsten Aufgabe, wieder mehr aushalten. Jedes Mal, wenn du einen Fehler machst, hast auch du die Möglichkeit zu wachsen. Die Möglichkeit zu korrigieren, Kursveränderungen vorzunehmen und vor allem etwas zu erschaffen. Kreativ zu werden. Aus einer Not eine Tugend zu machen. Aus einer Not Wachstum entstehen zu lassen.

Einen Fehler zu sehen, ihn als Sprungbrett zu nutzen, ist Zauberei und das Leben die Magie selbst.

Es kann so schön sein, wenn du feststellst, dass die meisten erfolgreichen Menschen wesentlich mehr falsch machen als jeder Durchschnittsmensch um dich herum. Sie laden in ihren Reden und Biografien förmlich dazu ein, Fehler zu machen, weil wir erst in unserem Leben vorankommen, wenn wir uns trauen, schnell und großzügig viele Fehler zu machen. Am besten große Fehler! Mir hat ein großer Leader einmal gesagt: „Das Beste, was dir im Leben passieren kann, ist es, früh pleite zu gehen und früh im Leben das Herz gebrochen zu bekommen!" In beiden Fällen pflichte ich ihm voll und ganz bei: Geschieden, insolvent und todkrank mit 21 (2011). Seinen Rat scheine ich unbewusst befolgt zu haben. Wir bekommen in unserer Kindheit beigebracht, keine Fehler zu machen. Mein persönlicher Vorschlag ist es, dass wir beigebracht bekommen, wie wir mit Fehlern umgehen, wenn wir welche gemacht haben – und wie wir lösungsorientiert mit ihnen umgehen, ohne dass wir uns gleich persönlich angegriffen oder auf den Schlips getreten fühlen.

Punkt 12
Der Rohstoff „Erfahrung"

Der Rohstoff „Erfahrung" bedeutet für mich eigentlich, dass du das, was früher besondere Titel ausgemacht haben, heute mit deiner Lebenserfahrung gleichsetzen kannst. Früher hat man nur einen guten, tollen Job bekommen, den man theoretisch bis zum Ende seines Lebens hätte ausfüllen können, wenn du dafür ausgezeichnet warst. Heute brauchen die da draußen eines: deine Erfahrungswerte in Ausnahmesituationen, in denen nicht alles nach Vorschrift gelaufen ist. Wissen aus Situationen, die vorher niemand durchmachen oder meistern musste. Was ist besser? Ein Kapitän, der theoretisch gelernt hat, um einen Eisberg herumzumanövrieren oder jemand, der ein Schiff und seine Besatzung unzählige Male vor einer Kollision bewahrt, aber von oben keine Genehmigung dazu hatte? Auf gut Deutsch: Jemand, der bewiesen hat, dass er in der Lage ist, Außergewöhnliches zu leisten. Der vielleicht sogar bewiesen hat, dass er außergewöhnlich ist. Heute ist es mindestens genauso bedeutend, wenn du durch die schweren Zeiten deines Lebens gegangen bist und da wieder rausgekommen bist. Wenn du trotz allem oder gerade wegen dieser Hürden zu Erfolg gekommen bist. Das ist wertvoll für andere. Das zählt. Das ist der Schlüssel. Wenn du aus einem Minus ein Plus gemacht hast. Wenn du in der Lage warst, aus widrigen Umständen einen Mehrwert für andere Menschen zu gewinnen, dann ist das für dich die Möglichkeit, nicht nur zu wachsen, sondern auch anderen Menschen etwas mitzugeben und Authentizität zu leben. Das ist das Wichtigste, was du kreieren kannst. Deine Erfahrung zu einem Mehrwert für Menschen zu machen, die du führst, die du ausbildest, denen du ein Vorbild sein kannst. Die von dir lernen können, wie man es macht. Das ist für mich der Rohstoff Erfahrung. Nichts, was du durchgemacht hast, war umsonst! Vielleicht steckst du gerade jetzt noch tief in der Tinte. Ich weiß allerdings, dass wir beide da rauskommen! Mit diesen hier aufgeführten Schritten habe ich es geschafft, und du schaffst das ebenfalls. Warum ich das glaube? Weil damals ebenfalls Menschen an mir festgehalten haben und, ja, weil ich auch in so einer Situation gesteckt habe und weil ich weiß, dass man sich wünscht, dass alles zu Ende ist. Bitte jetzt und bitte, wenn es geht, so schmerzlos wie möglich! Gott, ich hatte damals solche Angst davor, ob es wehtut, wenn ich mir das Leben nehme! Ich hatte echt Angst. Vor allem aber, dass das Leben womöglich weitergehen könnte. Ich war am Ende. Ja, ich war am Ende ... Du denkst in diesem Moment sogar, dass dir das Atmen eine Last ist. Jedes Öffnen des Mundes eine unüberwindbare Hürde. Essen? Selbst wenn ich es mir leisten könnte, beim besten Willen, wozu? Das Einzige, was ich dir sofort versprechen kann, ist, dass es sich tausendfach auszahlen wird, wenn ... Ja ... Wenn du dir einen Traum erdenkst und es nur noch dieses eine

Mal versuchst! Wenn du dich entscheidest zu leben. Nur noch ein einziges Mal! Komm schon … Danach darfst du machen, was du willst, wenn du mir versprichst, dass du es noch ein einziges Mal versuchst. Mit einem Teil dieser Prinzipien und mit Mut. Werfe alles in diesen einen Versuch. Was soll's? Wenn du versagst, hast du im schlimmsten Fall das, was du hast, wenn du dich für den Suizid entschieden hättest. Nix. Mein Schlüssel war genau das. Ich hatte keine zusätzliche Option. Es war offensichtlich. Die Grabrede für mich bei meiner Familie hinterlassen oder einen Traum haben, noch ein einziges Mal da durch – und dann? Ja, wenn du dann den Zug erst einmal ins Rollen gebracht hast: nie wieder aufgeben. Gott, es lohnt sich mehr, als du dir jetzt in dieser schlimmen Situation ausmalen kannst. Wenn du dir ein Ziel setzt, wirst du nach wenigen Jahren mit offenem Mund vor deinem Ursprungsziel stehen und sagen: „Mist! Hätte ich nur größer geträumt! Hätte ich mir nur mehr zugetraut! Jetzt ist noch so viel Leben übrig, und ich weiß nicht, was ich damit anfangen soll."

Punkt 13
Umgebung und Umfeld

Die Umgebung, in der du lebst, in der du dich bewegst, ist elementar. Hast du dich schon einmal in eine teure, edle, aufwendig hergerichtete Hotellobby gesetzt? Hast du dann einmal leise zu dir gesagt: „So! Hier fühle ich mich wohl. Das ist schön hier. Das mache ich gerne. Das tut mir gut. Das entspricht meinem eigenen Wert!" Moment! Wenn du das kannst, ziehe ich persönlich den Hut vor dir. Ich habe lange dafür gebraucht, aber es tut gut, es lohnt sich. All das wird sich positiv auf dich und dein Verhalten sowie auf dein Umfeld auswirken! Das Umfeld besteht praktisch aus den Menschen, die dich umgeben. Bist du derjenige, der seinem Umfeld gleicht, oder bist du vielleicht sogar jemand, der sein Umfeld führt? Viele sagen in ihren Seminaren und auch in ihren Büchern:

„Man ist der Durchschnitt der 5 Personen, mit denen man am meisten Zeit verbringt!"

Ich glaube das. Ich glaube das wirklich. Wenn du mit vier bis fünf Menschen deine Zeit verbringst, diese dann immer nur negativ reden, sich über ihr eigenes, frustrierendes Leben beschweren, die immer nur Probleme wälzen und über den Nachbarn herziehen, die über Krankheiten reden, über Verlust, über Angst und über Fehler, dann wirst du irgendwann zu diesen Menschen. Tatsache. Dein Leben wird schwer sein, du wirst pleite sein, du wirst frustriert und krank sein, verbittert und allein, ja, womöglich wirst du dann sogar betrogen. Das rechtfertigt nicht die Tatsache, aber es ist doch sehr unwahrscheinlich, dass dein Partner/deine Partnerin freudestrahlend auf dich warten wird. Woher ich das weiß? Weil ich das auch über Jahre unbewusst erlebt habe. Ich habe mich wirklich mit Menschen umgeben, die in erster Linie Probleme gefunden, sie mit anderen geteilt haben. Probleme teilen und sich dazu noch lange darüber unterhalten, ist gefährlich. Du wirst jetzt fragen: „Wieso, ich verletze mich dabei doch nicht?" Oh doch! Deinen und den Seelenfrieden anderer Menschen, die dir womöglich sogar etwas bedeuten. Lösungsorientiert Probleme analysieren, um der Lösung willen, ist gewünscht. Andernfalls ist es ein Sich–gegenseitig-zurückhalten, ein Sich-gegenseitig-limitieren. Einander sprichwörtlich die Energie klauen. Du wirst in diesem Fall, im wahrsten Sinne des Wortes, zu einem Kriminellen. Das finde ich ganz schlimm und schwierig. Das ist ähnlich, als würdest du eine Faust in die Magengegend bekommen oder auch verteilen. Wenn du dich mit Menschen umgibst, die negativ sind, die problemorientiert sind, kannst du ihnen damit keinesfalls helfen. Niemals. Abstand ist das Einzige, was hilft, wenn du siehst, dass du momentan nicht helfen kannst. Du kannst ihnen helfen, indem du ein leuchtendes Vorbild bist, aber du hilfst ihnen niemals, wenn du dich dem Leid-Sharing hingibst. Womöglich verstärkst du diese Gespräche noch für dich mit eigenen, intensiven Gefühlen und Ausmalungen. Womöglich machen diese Gefühle dir für deine eigene Zukunft oder deine eigene Familie Angst? Das wäre das Schlimmste, was dir passieren könnte. Es ist eine Art Virus, der dir mit jedem schädlichen Gespräch, mit jedem negativ besetzten Wort eingepflanzt wird. Zweifel sind der Anfang des Untergangs von allem. Das hilft niemandem. Am wenigsten dir selbst auf deinem Weg zu dem Leben deiner Träume! Ein Gedanke oder ein Wort kann zerstören und erschaffen. Menschenleben, Länder und Vorhaben, die vielleicht Millionen von Menschen das Leben retten würden. Ausgesprochen oder zurückgehalten verändert ein Gedanke und dessen Ausdruck alles. Alles. Ein Gedanke kann die gefährlichste Waffe der Welt sein oder der Samen für Glück, Liebe und Leidenschaft. Was aus ihm wird und vielmehr, ob etwas aus ihm wird, entscheidest du allein.

Punkt 14
Das Ausmaß und die Einstellung

Du bist dir nicht bewusst, welches Ausmaß deine Einstellung hat. Sie ist das „Herz deines Lebens". Sie entscheidet über Leben und Werden oder über Tod und Niedergang des Lebens. Wenn du mit einer positiven Einstellung durch das Leben gehst und mit einer positiven Einstellung Menschen begrüßt, Menschen gut behandelst, dann kann das bedeuten, dass du dich nicht nur selbst entwickelst. Du beeinflusst Menschengruppen weit über dein scheinbares Wirkungsfeld hinaus, weit über deinen Horizont hinaus. Mit einem positiv gesprochenen Kompliment kannst du eine Beziehung zwischen einer Mutter und ihrem Kind vielleicht positiv verändern. Du kannst eine wohlwollende Geste in einer Familie schaffen, mit der du scheinbar gar nichts zu tun hattest ... Deswegen ist es für mich so wichtig, dass du weißt, dass du mit deinen Worten, deinen Gedanken und deinen Handlungen so viel auf dieser Welt, auf dieser Erde, verändern kannst. So viel Positives bewegen kannst. Wenn du immer glaubst, dass deine Stimme nicht zählt oder das deine Handlungen nichts wert sind, dass du womöglich nichts wert bist, dann guck dich einmal um, wenn ein berühmter Mensch etwas zu einem Fan sagt. Dieser fällt fast in Ohnmacht und berichtet noch Wochen später von diesem Ereignis, von diesem Erlebnis. Er lässt sich vielleicht sogar die Unterschrift tätowieren, die er im Gefecht und unter Tränen von ihm ergattert hat. So ähnlich, natürlich sehr abgeschwächt, ist das, wenn du einem Menschen ein Kompliment machst, wenn du einem Menschen mit einem Lächeln die Tür aufhältst, bewegt das. Dann schafft das in diesem Menschen etwas, dann säst du etwas. Auch diese berühmte Person war einmal ein kleiner Junge, der mit anderen Fußball spielte. Ein kleiner Junge mit einer großen Vision. In dem dieser Traum langsam, aber sicher zu wachsen begann. Ein Junge, dort zu Hause, wo man an ihn und sein Vorhaben glaubte. Vielleicht auch zuerst einmal nur in seiner eigenen Vorstellungskraft. Genährt durch seine willentlich gestärkte Fokussierung. Zu Hause im Herzen dieses einen Fans. Das ist damit gemeint, dass du ernten wirst, was du säst. Es ist genau wie das Bild des Schmetterlings, dessen Flügelschlag am anderen Ende der Welt, als große Welle im Meer, ihrer Kraft Ausdruck verleiht ... Du weißt nie, wie sich deine Gedanken, Worte und Taten auf das Leben und Tun anderer Menschen auswirken und was dir diese kleinen, wohlgeformten Produkte deines Geistes eines Tages einbringen werden. Deine große Liebe oder vielleicht auch 100.000.000 €. Wähle deshalb weise und tue Gutes, auch wenn es scheinbar keine Bedeutung hat. Auch wenn es womöglich gerade niemand in deiner Nähe verdient hat. Es mag vergebens sein. Meist jedoch wirst du dich sehr bald wundern. Du wirst erschaffen, aufsteigen und glänzen. Wenn nicht, hast du jedenfalls nichts verloren und musst dich am Ende deines Lebens nicht mit dem so viel verhassten Konjunktiv herumschlagen. Die Einstellung, das Mindset, deine positive Geisteshaltung ist das Programm, welches dein ganzes Leben bestimmt. Du erschaffst, ja, kreierst alles, was du erlebst, was du liebst und was dich zum Leben erweckt, ja, am Leben erhält.

Punkt 15
Zeitfaktor

Du hast gar keine Zeit mehr. „Time is running out!" Deine Zeit ist vielleicht morgen schon abgelaufen. Du bist am Ende deines Lebens angelangt. Jeden Tag aufs Neue. Wie bitte? Du kannst zu jedem Zeitpunkt und an jedem Tag sterben ... Die Frage ist lediglich wie. Klingt dir das zu dramatisch? Das Leben selbst ist ein einziges Drama. Die Frage ist nur, welche Rolle du darin spielen willst und wirst. Ich könnte theoretisch, noch während ich diese Zeilen schreibe, tot vom Stuhl fallen, und ich müsste mich in den letzten Sekunden damit auseinandersetzen, was ich den Menschen gegeben habe, was ich den Menschen eigentlich an Mehrwert gegeben habe. Was hat mein Leben für andere Menschen für eine Bedeutung gehabt? Konnte ich den Menschen etwas geben? Was viel wichtiger ist: Konnten sie von mir lernen? Waren meine Taten nachahmenswert? Habe ich das Leben anderer verbessert, erneuert und bereichert, oder habe ich ausschließlich an mein eigenes Vorankommen, an meinen Profit gedacht? Im besten Fall: Habe ich mit meinem Vorankommen das Leben anderer Menschen und auch ihre Herzen erfüllt?

Das heißt also:
Hast du einen Traum, beginne noch heute damit. Morgen kann es nicht nur zu spät sein, es WIRD eines Morgens zu spät sein ...

Punkt 16
Dein Wert

Ist es nicht wertvoll, dass wir entscheiden dürfen, ob wir bewerten oder nicht? Daher ist es auch von großer Bedeutung, dass wir wissen, dass wir uns jeden Wert, den wir uns wünschen, auch selbst erschaffen können, sollten und vor allem dürfen. Werte jeglicher Art entstehen alle aus einem Gedankengut, welches aus einer Materie besteht, die ein **aktives** Wesen beherbergt. Es reagiert wie ein Kind, allerdings in Relation zur Ursache, zum Geschehnis. Manche erklären es in einfachen Worten wie folgt: Das, was du hingibst, wird dir widerfahren.

Manche betiteln es in der Umgangssprache als Karma, wenn sie etwas benennen wollen, was ihnen entsprechend einer Sache widerfährt.

Dein Wert ist der Wert, den du dir zugestehst. Das ist Punkt A. Punkt B ist, dass du dir den Wert zusprechen kannst, wie du ihn dir kreierst, wie du dir ihn vorstellen willst. Alles, was du dir vorstellen kannst an Wert, an Selbstwert, kannst du dir auch erschaffen. Es gibt da draußen Privatjets, es gibt da draußen Mutter Teresas, es gibt da draußen wundervolle Väter und Mütter, es gibt da draußen begnadete Schüler, Studenten und gottgegebene Lehrkräfte, es gibt da draußen reiche Menschen, die Milliarden haben und dir trotzdem die Tür aufhalten, und es gibt da draußen die eine Frau/ den einen Mann, die/der nur auf dich wartet. Es gibt alles! Alles, was du dir vorstellen kannst, was sich andere vorstellen können und konnten(!), gibt es bereits oder ist möglich beziehungsweise gerade im Werden für dich.

Es gibt da draußen einen schönen Spruch:

„Alles ist bereits gesagt worden – nur noch nicht von mir."

Deswegen tue ich mich auch schwer in Situationen, in denen ich was notieren soll. Ich denke mir immer: „Das ist es nicht wert, gesagt oder aufgeschrieben zu werden!" oder „Wurde das schon einmal gesagt, und ich wiederhole es nur wieder?" Deswegen: „Kenne deinen Wert!" Kenne und bestimme deinen Wert. So wertvoll wie du dich siehst, so wertvoll sehen dich auf Dauer auch die anderen (oder sogar noch wertvoller). Wenn du in der Lage bist, deinen Wert zu erschaffen, zu erkennen, deinen Wert zu erhöhen, bist du auch mehr wert für andere. Lernst du, dich zu lieben, wirst du von anderen geliebt. Kommst du mit dir selbst klar, kannst du selbst mit dir leben, werden auch andere genießen, mit dir leben zu dürfen. Wir bekommen keine einzige Aufgabe unseres Lebens umsonst. Ich war in meinem Leben weit über 4,5 Jahre sehr isoliert in Krankenhäusern. Ich habe es manchmal meine **„Freiheit bis zur Bettkante"** genannt. Hätte ich nicht währenddessen an das größere Ganze geglaubt, dass mein Vater mir aus einem Grund das Leben mitgegeben hat, wäre ich jetzt nicht da, wo ich bin, und womöglich hätte ich wirklich „Schluss gemacht".

Glaube mir: Du musst nicht glänzen und gut riechen, während du durch die ... gehst, aber du musst es tun, damit du irgendwann ein besseres Leben führen wirst! Ich glaube an dich! Los jetzt ... Ich weiß, es ist kurz vor dem Begriff des Unmöglichen, aber ...

WIR SCHAFFEN DAS!

Punkt 17
Liebe und Fülle

Liebe und Fülle bedeutet für mich in erster Linie, dass du dich selbst lieben solltest, bevor du erwartest, dass andere dich lieben. Liebe deinen Nächsten wie dich selbst bedeutet nicht, dass du andere einnehmend lieben sollst in der Hoffnung, dass sie dich zurücklieben, sondern es bedeutet, wenn du dich selbst aufrichtig liebst, bedingungslos mit all deinen Fähigkeiten und

Fehlern, dann kannst du auch anderen Menschen viel geben, kannst viel Gutes tun. Wenn du dir selbst genügst, dann kannst du anderen Menschen viel Liebe geben. Der oder auch die andere muss spüren, dass du sie oder ihn nicht zum Atmen brauchst, auch wenn dies einige Vertreter unserer Spezies gerne hören würden. (Es ist tatsächlich nicht der Fall.) Fülle ist auf unserem Planeten an jeder Ecke und in jedem Winkel vertreten, und das in vollstem Maße. Wir müssen nur im Sommer einmal im Wald oder auch an einem sonnigen Plätzchen einen Stein anheben. Die Natur quillt über vor Luxus, quillt über vor massiver Liebe, quillt über vor purem Wohlstand und Werterschaffung, ja auch Werterhaltungs-maßnahmen. Das Einzige, was dabei limitierend ist an der Natur, ist der Gedanke des Menschen.

Punkt 18
Reflexion

Wenn du dich selbst reflektieren kannst, deine Worte, deine Gedanken, deine Taten reflektieren kannst, kannst du Manien kontrollieren. Wenn du in der Lage bist, während einer Manie, in einem Schub, der dich unbedingt um 50.000 Euro ärmer und um einen Neuwagen reicher machen oder dich sogar ungeplant ins Krankenhaus befördern will, zu reflektieren, aus einem konzentrierten Geist, von außen, als Beobachter, deine Situation und deine Gedanken zu erkennen, anzunehmen und loszulassen, wertfrei, ohne in deinem eigenen Kopf und deinem eigenen Herzen zu sitzen und festzustecken und zu denken, dass das alles ganz geil und toll ist, dann ist das der Hammer! Du solltest lieber zum Supermarkt um die Ecke gehen und dir eine riesige Cola holen. Die Kontrolle zu verlieren in dem Sinne, dass du eine Cola trinkst, das geht. Das ist meine Alternative zu manischen Handlungen. Kontrolle behalten, indem der unparteiische Beobachter kleinere Kontrollverluste zulässt und so dem Beteiligten glauben macht, dass er dem Reiz der Symptomatik zugestimmt hat und nicht der „Zentrale". Minimalen Kontrollverlust zuzulassen, zu bemerken, dass etwas unter Kontrolle gebracht werden musste und so den Supergau vermeiden, mithilfe von Reflexion. Aber auch das Bewusstsein dafür zu schulen, dass du jederzeit in der Lage sein musst, auf eine „kranke Ursache" deines Gehirns mit einer gesunden Reaktion zu antworten beziehungsweise eine gesunde Auswirkung zu erschaffen. Ich mache das. Tag für Tag. Das ist mitunter der Grund, warum ich nun seit Jahren meine Erkrankung im Griff habe. Die Umstände müssen dich nicht beherrschen. Statt dich manisch zu verrennen, dich hoch zu verschulden oder deine Wohnung, deine Partnerschaft zu verlieren, kannst du Ausnahmesituationen und Ausnahmetendenzen in deinem Kopf kontrollieren. In dem Moment entscheidet man sich am besten für das kleinste Übel, eine kleine Entgleisung und ist sich bewusst, dass es gut ist, das „andere" nicht getan beziehungsweise unterlassen zu haben. Essen gehen anstatt das Familienauto zu verscherbeln. Das ist ein Erfolg. Hier spielt die Tatsache von Ursache und Wirkung eine große Rolle. Wenn du als Betroffener eigenständig feststellen kannst, dass deine irrationale Reaktion auf eine nicht reale Ursache oder Einschätzung deinerseits zurückzuführen ist, ist das eine große Leistung. Das ist mit Reflexion und Kontrolle möglich. Das bedeutet SELBST-BEWUSST-SEIN!

Bedenke:

Wir dürfen im Eifer des Gefechts nicht vergessen, dass wir nicht reflektieren sollen, wenn wir uns in einer Situation befinden, sondern dass wir uns reflektieren müssen, um in die Kontrolle des eigenen Wesens zu gelangen.

Punkt 19
„Finde dein Warum!"

Du brauchst ein Warum. Du brauchst etwas, wofür du morgens freiwillig um 5 Uhr aufstehen würdest (es dann auch tust) und bei dem du das Gefühl hast, dass du das Richtige tust. Es muss sich geil anfühlen. Dass du das, was du tust, tun musst. Weil du dafür „dein Warum" leben kannst. Weil du dafür das erreichst, was du dir vorstellst, was du dir erträumt hast und was du willst. Du brauchst ein Warum. Das bedeutet mir unheimlich viel. Ohne Warum hätte ich mich 2016 wahrscheinlich für die „Zugfahrt" entschieden. So nenne ich das jetzt einmal.

Dein Warum lässt dich „im Dunkeln" sehen. Du brauchst ein Warum, das dich vom Selbstmord abhält, auch wenn alles hoffnungslos erscheint. Ich weiß, es gibt viele da draußen … Es gibt sie, wir müssen nur endlich einmal unsere Augen öffnen. Weit über 5, wenn nicht sogar bis zu 10 Millionen in Deutschland, die verzweifeln, die Rat brauchen und glauben, dass alles frei von Hoffnung ist. Die in einem Loch ohne Fenster (bildlich gesprochen) darauf warten, dass dies geöffnet wird und frische Luft zum Atmen hineinströmt. In der dunkelsten Stunde deines Lebens ist es manchmal ein Erfolg, nur noch ein weiteres Mal Luft zu holen. Es ein weiteres Mal zu ertragen, auch wenn das alles eigentlich nicht mehr zu ertragen ist. Manchmal ist es ein Erfolg, „nichts angestellt zu haben". Ich kenne das. Ich weiß, wie du dich fühlst, und ich weiß, wie hart es ist. Es scheint unmöglich zu sein. Nein. Es fühlt sich vor allem auch an jedem Tag so an. Zwei Dinge: Erfolg muss nicht gut aussehen (tut es auch meist nicht), und Erfolg ist auch sehr selten easy going, aber eines ist sicher: Erfolg beginnt mit dir!

Punkt 20
Bereitschaft zur Hingabe

Bereitschaft zur Hingabe bedeutet, dass du bereit bist, dich zu opfern. Nein, nicht wörtlich gemeint. Dass du bereit bist, dich hinzugeben: deinem Traum, deinem Ziel, deinem Warum dein restliches Leben zu widmen, es diesem Vorhaben hinzugeben. Bei jedem Atemzug und bei jedem Schritt muss dir folgender Gedanke durch den Kopf gehen:
„Da-für! Da-für! Da-für!"

Ich dachte damals:

„Moment! Wenn ich mit dem nächsten Schritt bereit bin, mein Leben wegzuschmeißen, bin ich dann eventuell auch bereit, mit vollem Einsatz in die entgegengesetzte Richtung zu marschieren?

Klar, es war logisch, dass ich mir das am Bahnhof nicht unmittelbar vorstellen konnte, aber mir gefiel der Gedanke. Auf dem Weg zum Erfolg zu sterben, weil ich 110% gegeben hatte, wäre mir lieber als dem Lokführer ein irreparables Trauma fürs Leben zu verpassen. Zumal dieser gar nichts für unsere Entscheidung in geistiger Verlorenheit kann! Dass du erreichst, was du willst in dem Sinne, dass du dein Leben danach ausrichtest, ist ausschlaggebend. Du kannst deinen Traum, dein Ziel so gestalten, dass du dein Leben danach ausrichtest. 95% machen das nicht. Sie sagen, ich hätte gern einen Traum, ich weiß nur nicht, wie der aussehen soll. Ich habe aber auch keine Zeit zu lesen, keine Kraft, Liegestütze zu machen, und sie sitzen dann auf dem Sofa und träumen nachts von ihrem Traum, den sie eigentlich tagsüber verwirklichen könnten. Es fehlt schlichtweg die Notwendigkeit. Das Bedürfnis nach Atemluft, wenn dir unter Wasser die Luft auszugehen scheint. Sie sagen sich: „Das mache ich morgen und wachen plötzlich, nach einem Schlaganfall, im Krankenhaus auf. Uns geht es in Deutschland einfach zu gut. Auf der Welt gibt es viele Menschen, die zu jeder Tages- und Nachtzeit 15 Kilometer oder mehr laufen würden, um pünktlich an dem Ort anzukommen, den man ihnen vorgibt, nur um die Chance eines Vorstellungsgesprächs zu bekommen, welches uns kostenfrei und wohltemperiert auf einem Silbertablett serviert wird. Was machen wir?

„Wir verpassen den Zug.“

Ein klarer Fall falscher Prioritätensetzung! Wenn es dir wichtig wäre, würdest du am verdammten Bahnhof übernachten, damit du den Zug zum Zielort bekommst. Wenn es dir wichtig genug ist, diese Angelegenheit, würdest du so früh aufstehen, dass du es laufend zum Termin schaffst, falls der Zug und der Folgezug ausfallen. Ich bin bei jedem meiner wichtigeren Termine eine bis zwei Stunden zu früh da, damit ich zur Not tatsächlich laufen oder mit dem Taxi fahren kann, bevor ich meine Chance absichtlich, aufgrund von Fehlentscheidungen und dem dadurch herbeigeführten Fehlverhalten, nicht wahrnehme. Erinnere dich an die Verpflichtung, die du deinem Traum gegenüber am Anfang dieses Buches eingegangen bist!

Punkt 21
Deine Prioritäten

Wenn du deine Prioritäten in deinem Leben benannt hast, aufgestellt hast, dann kannst du dein Leben danach ausrichten. Falsch. Du musst es tun, solltest du irgendetwas im Leben erreichen wollen. Das ist der einzige Weg. Der einzige Weg, der funktioniert auf langfristige Sicht. Hast du ein Warum und die dazu führenden Prioritäten, kannst du dein Leben ausrichten. Das heißt, du kannst mit deinem Kompass deine Reise antreten. Hast du kein Warum und keine Prioritäten, dann wirst du dich im Kreis drehen. Du wirst es womöglich gar nicht merken. Den ganzen lieben langen Tag wirst du einer Ahnung hinterherlaufen und am Ende erschöpft ins Bett gehen, ohne etwas geschafft zu haben. Beschäftigt sein heißt nicht, produktiv zu sein. Du benötigst Prioritäten, Werte und Wertvorstellungen, nach denen du handeln und leben kannst. Prioritäten sind ganz entscheidend, wenn du durch das Leben gehst. Wenn du im Geiste deine Liste durchsiehst: „Das hier ist mein Traum oder steht auf meiner Liste, also mache ich es. Auch wenn mir dieser Schritt eigentlich keinen Spaß macht, mache ich es. Er bringt mich an mein Ziel oder wenigstens meinem Ziel ein gutes Stück näher, also mache ich das!" Somit kannst du wieder einen Punkt auf deiner Liste abhaken und bist noch dazu einen Schritt weiter. Glaube mir, du wirst es nicht bereuen. Erfolg bedeutet, dass etwas erfolgt, in kleinen, regelmäßigen Schritten, Tag für Tag – und nicht, dass etwas hervorgezaubert wird. Erfolg fällt nicht vom Himmel, und Erfolg geschieht auch niemals über Nacht.

Punkt 22
Sich selbst führen

Es gibt sehr viele Leader, die führen, aber gar nicht wissen, wohin sie laufen sollen. Keine Leuchtfeuer, sondern Irrlichter sozusagen. Wenn du dich selbst führen kannst, indem du z. B. morgens aufstehst, das am Tag tust, was zu tun ist, deine Prioritäten abarbeitest, dein Ziel, deinen Erfolg im Kopf und deinen Fokus ausgerichtet hast. Wenn du dich weigerst, mit negativen Menschen deine Zeit zu verbringen und dich somit mit negativen Gedanken zu beschäftigen, dann ist es das, was du dir angeeignet hast. Darauf kannst du stolz sein! Negativer Small Talk dagegen ist sehr masochistisch. Du glaubst gar nicht, was „mal eben über Probleme austauschen" für Auswirkungen auf dein Leben hat. Du kannst dich selbst führen. Das bedeutet nicht, dass du dich selbst an der Nase herumführen sollst, dass du der Hardcore-Entrepreneur bist wie so viele andere, die wie Fliegenpilze aus dem Boden schießen. Nein. Sich selbst führen bedeutet, sich zu reflektieren. Sich bewusst sein: Was kann ich schon, was muss ich noch lernen und was ist wichtig auf meinem Weg zum Erfolg? Was ist noch nötig? Was bringt mich weiter, und welche Menschen mache ich glücklich mit meinen Handlungen? Mache ich überhaupt Menschen glücklich? Bin ich ein Mehrwert? Ist mein Produkt, meine Dienstleistung ein Mehrwert für Menschen? Schaffe ich für andere Menschen MEHR, als sie mir an WERT geben? Du musst dich selbst führen können, in einer Notsituation, in einem Zustand von Euphorie und auch in einer Situation des Erfolgs in deinem Leben. Das ist der Grund, warum so viele Menschen mit 350-PS-Autos aufs Gas steigen. Sie können mit der Option, die die PS bieten und dem Adrenalinschub, nicht umgehen. Sonst würde man in einer Spielstraße mit 350 PS ebenfalls Schrittgeschwindigkeit fahren und nicht an jeder Ampel mit dem Gas spielen. Wenn du mit einer Manie umgehen kannst, kannst du auch mit Herausforderungen umgehen, womit der eine oder andere vielleicht überfordert wäre. Der eigentliche Leader deines Lebens muss dir immer aus deinem Spiegel entgegenlächeln. Das ist ganz wichtig. Sich selbst führen bedeutet auch mitunter, einmal Nein zu sagen. Nein zu Kompromissen und auch Nein zu anderen Menschen oder den Anliegen anderer. Es bedeutet ebenfalls auch, an seine Bedürfnisse zu denken und nicht immer nur an alle anderen. Es anderen immer recht machen zu wollen, ist ein weiterer masochistischer Akt von Sinnlosigkeit. So viele Menschen denken im Leben gar nicht über uns nach, als dass sich das lohnen würde. Sich selbst zu führen bedeutet auch, stets etwas Neues zu erlernen. Sich selbst zu führen bedeutet auch, erst dann etwas zu sagen, wenn man sich bewusst ist, dass man mit der Konsequenz des Gesagten leben kann – und vor allem, wenn es auch wirklich das ist, was man bewirken will. Bei sich, dem anderen und, vor allem, für das gemeinsame Leben.

Eine weitere großartige Führungsqualität ist das Zuhören. Wenn du in der Lage bist, dich zurückzunehmen, anstatt auf ein Podest gestellt werden zu wollen und wenn du dann auch noch aufrichtige Anteilnahme an dem Gesagten zeigst, ist alles auf eurer Ebene möglich. Liebe entsteht durch Verbindung, und Verbindungen werden nur eingegangen, wenn Vertrauen wachsen kann.

Punkt 23
Kontinuität und Disziplin

Weißt du, was erstaunlich ist?
Ohne die Umsetzung dieses Punktes, ohne die tägliche Umsetzung dieses Punktes scheiterst du. Kläglich.

„Willst du das?"

Nein? Gut, dann habe ich jetzt offensichtlich deine volle Aufmerksamkeit. Als ich im Krankenhaus lernen musste zu laufen, lernen, wieder zu gehen, auf meinen eigenen Beinen, habe ich eines gelernt. Wenn du die Schritte nicht gehst, die nötig sind, wirst du im besten Fall weich fallen, aber eines wirst du niemals: Du wirst niemals laufen lernen. Du wirst niemals Schritte machen, die dich weiterbringen. Schritte, die dich im wahrsten Sinne dazu bewegen andere zu bewegen, Leben anderer Menschen für immer zum Positiven zu verändern, zu verbessern. Was du also tun musst? Du musst Schritte tun. Du musst zuallererst herausfinden, was nötig ist, was dafür nötig ist – und dann? Die Disziplin aufwenden, es kontinuierlich und diszipliniert, jeden Tag, zu tun, bis ... Ja, richtig ... Bis du am Ziel bist. Aufgeben? Nein! Das kommt nicht infrage. Du hättest dir als Kind auch nicht von deinem letzten Taschengeld ein Eis gekauft, nur um es dann voller Tragik und mit Tränen erfüllten Augen ins Gebüsch zu feuern. Du gehst diesen Weg, du tust diese Schritte, bis das **ERGEBNIS** da ist, bis du es geschafft hast. Warum erzähle ich dir das? Weil viele Menschen sagen, dass der Weg hart sein wird, viele sagen, dass du mutig sein musst, aber niemand erzählt dir, dass es manchmal in deinem Leben um Leben oder Tod geht. Dass es manchmal darum geht, bereit zu sein, für die Erfüllung deines Traumes zu sterben. Wenn du bereit bist, für dein Ziel dein Leben zu geben, zu sterben, wirst du auch bereit sein, dafür zu leben. Erst dann wirst du bereit sein, alles zu geben, ja, dich hinzugeben. Vorher höchstwahrscheinlich nicht. Vorher wird es für dich immer einen

Plan B, einen Ausweg, einen „Ersatz" geben, mit dem es sich auch „leben lässt". Klar kann man damit auch leben, nur ist es wirklich die Geschichte, die du auf deinem Sterbebett erzählen willst? Ist es wirklich die Geschichte, an die sich alle deine Lieben erinnern sollen, wenn du nicht mehr da bist? „Er war groß, er hatte große Träume, aber …" Wir wollen nicht, dass der letzte Satz über uns, in unserem Leben, mit einem „Aber" beendet wird! Geh da raus, auch wenn es wehtut. Geh da raus, mach die Arbeit, während all deine Freunde Party machen und die Tage ihres Lebens haben. Es wird sich auszahlen. Beginne jetzt, tu es täglich und höre erst damit auf, wenn du dein Ziel erreicht hast. Ohne Ausnahme.

Punkt 24
Kritikfähigkeit

Wenn jemand vor dir steht und dir sagt, du kannst das nicht, du bist doof, du bist hässlich, dann ist das fragwürdig. Diese Kritik würde ich nicht an mich heranlassen oder für bare Münze nehmen. Kritik ist nur gut, wenn sie einen Keim zur Veränderung, zum Wachstum in sich trägt. Wenn du aber konstruktive Kritik bekommst, dann ist das ein Geschenk. Genau wie ein Fehler ein Geschenk ist. In dem Moment, in dem dir jemand sagt: „Musst du das so persönlich nehmen, das war doch nur auf die Situation bezogen! Können wir uns konzentrieren, um gemeinsam diese Aufgabe etwas schneller zu Ende zu bringen? Pünktlichkeit ist mir wichtig! Warum wirfst du mir etwas vor, ohne wirklich an mich zu glauben mit deinen Aussagen?", dann ist das ein Geschenk, weil sich diese Menschen die Mühe machen, unbequem zu werden. Sie bewegen sich in dieser Sekunde aus ihrer Komfortzone heraus. Für dich. Nicht einmal für sie selbst. Das ist ein Geschenk. Die meisten Menschen machen sich nicht gerne unbeliebt. Sie machen es sich leicht und lachen dir ins Gesicht und sagen dir, dass du toll, wunderbar, hübsch usw. bist, während sie den leichteren Weg gehen und mit anderen über dich herziehen.

Das, was sie dir eigentlich sagen wollen, nämlich, dass sie sich über dich ärgern, weil du z. B. unpünktlich bist und ihnen mit dieser Art eine geringe Wertschätzung entgegenbringst, sagen sie dir nicht. Du fühlst dich gebauchpinselt und wächst nicht. Du wächst nur in deinem Kopf, weil du glaubst, dass dich jeder mag. Sei also dankbar für die Freunde, die dir ins Gesicht sagen, was ihnen nicht passt. Wenn du ein zu großes Ego hast, so wie ich damals, dann regst du dich darüber auf und bist beleidigt oder empört. Wenn du aber Wachstum begrüßt und wenn du die Fähigkeit entwickelst, bereit zu sein, die Fakten hinter der Art des Gesagten zu erkennen, wenn dir jemand auch etwas Unangenehmes sagt, dann ist das bemerkenswert. Dann bedeutet es eine Chance für dich, sich weiterzuentwickeln. Die meisten Menschen können dich nämlich besser einschätzen, als du glaubst. So gut ist niemand im Reflektieren, um zu 100% von sich selbst sagen zu können, was er besser machen könnte, was er anziehen sollte, um besser auszusehen. Ein zusätzlicher Blick von außen, ein Wort eines Menschen, der die Welt „mit anderen Augen" sieht, kann manchmal sehr hilfreich sein!

Punkt 25
Die Notwendigkeit des Lernens

Solange du die Möglichkeit hast zu atmen, deine Beine zu benutzen, um deinen Weg zu gehen, deine Arme und Hände, um dein Leben in die Hand zu nehmen, deine Lippen zu bewegen, um dir Ausdruck zu verschaffen, um deine Stimme für dich und die Minderheit zu erheben, für die Schwachen und Benachteiligten, dein Gehirn zu benutzen, um logische Schlussfolgerungen hervorzubringen, um deine Welt zu kreieren, so lange solltest du immer und zu jeder Zeit, an jedem Ort und mit jedem Menschen, durch jedes aufrichtig geführte Gespräch, durch jedes Buch die Möglichkeit ergreifen, zu **lernen**. Lernen hat mich zu der Persönlichkeit gemacht, die ich jetzt bin. Mit diesem Charakter. Ohne Abitur,

Berufsausbildung, abgeschlossenem Studiengang oder irgendwelche Zertifikate. Nur durch die Notwendigkeit, verstehen und lernen zu müssen, damit es für mich weiter- geht. Wenn die Notwendigkeit des Lernens allgegenwärtig ist, wird der Erfolg erfolgen, oder du wirst sterben. So will es die Natur. Das dürfen wir ihr auch nicht übel nehmen. Ohne diesen Fakt würde das System, wie wir es alle nutzen, nicht funktionieren. Auch durch schlimme Erfahrungen lässt sich mithilfe einer positiven Einstellung viel Gutes erschaffen. Für dich und vor allem für die, die du liebst um dich herum. Für die gesamte Weltbevölkerung. Wieder lernen zu lernen. Das war meine größte Aufgabe im Krankenhaus: wieder lernen zu gehen, zu sprechen, zu schreiben, mich zu konzentrieren, meine Merkfähigkeit zu trainieren, wieder lernen, sich an etwas zu erinnern im Alltag, ohne es gesagt zu bekommen oder abgelesen zu haben. Letztendlich auch, am Ende zu lernen, Manien zu kontrollieren. Sie zu durchleben, ohne jegliche Konsequenzen aus der kranken Ursache des Empfindens zu erschaffen. Selbstständig Dinge erledigen, die für den gesunden Mann, die gesunde Frau nicht erwähnenswert sind.

Das alles sind Tatsachen, die bisher niemand aus meinem Leben wusste. Aber all dies durfte ich wieder erlernen. Das ist ein großer Punkt in meinem Leben. Das Lernen. Es ist wichtig, dass du lernst, das alles zu schätzen, auch wenn du all das hast, kannst und immer konntest. Es kann dich erwischen, deine Frau, deinen Mann, ja, deinen 15- jährigen Sohn. Es wird alles für immer verändern. Bist du bereit? Nein? Okay! Ein weiterer Grund dafür, dankbar zu sein, dass du es auch nicht sein musst.

Liebe jeden Atemzug und lebe den Kontakt zu JEDEM Menschen, dem du begegnest, als wäre es der wichtigste Mensch in deinem Leben. Soll ich dir ein Geheimnis verraten? Er könnte es wahrhaftig sein.

Punkt 26
Geben

Wenn du willens bist zu geben, wirst du entsprechend auch etwas bekommen. Menschen geben meist gerne etwas, wenn sie es übrig haben. Menschen geben vielleicht nicht gerne etwas von sich aus, weil sie Angst haben, etwas zu verlieren oder nicht mehr genug zu haben. Aber: Menschen geben gerne etwas zurück. Letzteres ist völlig legitim.

Du weißt nicht, was du für alle anderen Menschen auf diesem Planeten tun kannst. Du weißt nur, dass das, was du hast, was du bist und was du kannst, alles ist, was gebraucht wird, um den Menschen das zu geben, wonach sie sich sehnen. Und das am besten kostenfrei. Wenn du anderen Menschen etwas geben kannst, dann kannst du dich selbst entwickeln, und wenn du dich selbst entwickelst, wirst du immer mehr in der Lage sein, auch andere Menschen und die Welt weiter und besser zu bereichern. Wenn du dich selbst frei machst für den „nächsten Schritt", wirst du die Welt auf eine neue Stufe hieven. Du kannst acht Milliarden Menschen nicht auf ihrem Weg helfen, ohne was für deinen Weg zu deinem Ziel zu bekommen. Das ist unmöglich!

Wenn du in der Lage bist, anderen Menschen etwas (weniger als 50%) zu geben, dann bist du auch in der Lage, deinen Wert zu steigern. Je mehr du gibst, desto reicher wirst du. Das ist ein Gesetz. In dem Moment, in dem du mit vollen Händen gibst, signalisierst du dem Universum/Gott, dass du geben kannst, WEIL du mehr als genug hast. Weil du in Fülle lebst. Die meisten Menschen sagen sich: „Ich gebe, wenn ...!" Das ist ein fataler Irrtum. Es heißt: „Ich gebe, und DANN ... (bekomme ich unweigerlich mehr)." Nur reiche Menschen, im Sinne von reich an Erfahrungen, reich an Entwicklung, an Liebe oder auch Werte usw., können geben. Viele derer, mit denen ich beruflich zu tun hatte, freuen sich, zu geben. Nichts beseelt sie mehr, als zu geben.

Sie sind die ausgeglichensten Menschen, denen ich in meinem Leben je begegnet bin.

Geben ist wichtig, weil es deine Entwicklung vorantreibt, weil es deine Vorstellungskraft für Wunder öffnet. Es ist das Gütigste, was ein Mensch tun kann. Ich gebe lieber die Hälfte meines Essens weg und habe dann zwei glückliche Gesichter, nämlich das des anderen und meines, als dass ich alles in mich hineinstopfe, um alles „genutzt" oder „verwertet" zu haben und dann frustriert und unglücklich darüber bin, dass ich alles für mich behalten habe und der andere nicht nur hungrig, sondern auch traurig da sitzt.

Genauso wie sich Freude und Glück dupliziert, dupliziert sich auch Trauer, Sorge und Verzweiflung. Was du vorlebst, dupliziert sich. Was du sagst, gerät meist schnell in Vergessenheit. Es sei denn, du berührst den Menschen, du „holst ihn ab". Interessiere dich wirklich für die Lage, den Traum deines Gegenübers, anstatt einfach nur irgendwelche gelesenen Techniken anzuwenden.

Noch etwas:

In dem Moment, in dem du gibst, besitzt du etwas. Was das ist, was du da gibst, entscheidest du selbst. Es gibt so viele, die sagen: „Ich kann nicht geben, ich habe kein Geld!"

Dabei hätten sie vielleicht ein volles Herz, wenn sie sich entscheiden würden, etwas anderes zu geben, was dem Gegenüber vielleicht viel mehr hilft auf seinem Weg als Geld, auch wenn Geld doch wirklich nützlich und gut ist. Denkt daran, Geld kann nichts dafür, wenn du es nicht haben solltest, Geld ist nur ein Platzhalter für beliebig viele Dinge auf dieser Welt, die man mittels des Geldes, im übertragenen Sinne, alle bequem bei sich tragen kann.

Punkt 27
„Bist du der Richtige?"

Ich frage nicht: „Bist du der Richtige für XY?" Ich frage: „Bist du der Richtige für DEIN Leben?" Wie ich das meine? DU bist derjenige, der sein ganzes Leben mit sich verbringen darf. Nicht muss: DARF.

Tust du dir bedingungslos gut? Hilfst du dir in harten Zeiten mit zielorientiertem Denken, guten Taten und großen Worten, oder bist du dir selbst ein Hindernis? Ich will dich wachrütteln. In dem Moment, in dem du es liebst, mit dir selbst Zeit zu verbringen, in dem Moment, in dem du Termine verschiebst, weil du es aufregend findest, für dich selbst da zu sein, in dem Moment besteht Hoffnung für deinen Traum, dein Ziel und auch für die Menschheit. Ich meine, wenn jeder mit sich in Harmonie leben würde, gäbe es keinen Krieg, gäbe es keine Trauer oder gar Hoffnungslosigkeit. Jeder würde sich lieben, könnte bedingungslos anderen geben, ohne zu erwarten, und alles wäre gut. Ich liebe es, allein zu sein. „Einsamkeit" ist ein Geschenk. Sie zwingt uns zuzuhören, hinzusehen und sich einzusetzen für den wahrscheinlich wichtigsten Menschen in unserem Leben ... Uns selbst. Ich will, dass du weißt, dass genau DU der Richtige für diese Aufgabe bist. Dass du genau derjenige bist, der in der Lage dazu ist. Der fähig ist. Kannst du dir vertrauen, und tust du dir gut? Dann können auch wir auf dich zählen. Glaubenssätze schriftlich formulieren ist hier absolut unerlässlich, weil es deinem Gehirn bewusst macht, dass hier eine Veränderung stattfindet, dass hier etwas wirklich „in die Realität tritt, dass etwas Großes erschaffen wird und im Entstehen ist". Wenn dich jemand verlässt, bedeutet das nicht, dass du schlecht oder wertlos bist, es bedeutet eine Chance für dich. Es bedeutet Raum für Wachstum und noch mehr Liebe.

Punkt 28
Präzision

Kennst du das Beispiel, in dem Scharfschützen, wenn sie auf 1 km Entfernung ein Ziel anvisieren, mithilfe ihres Atems in der Lage sind, zwischen den Herzschlägen abzudrücken? Das, mein Freund, ist Präzision. Jetzt stelle dir doch einmal vor, du könntest diese Technik auf deine Gedanken anwenden. Dass du sozusagen nichts anderes tust, als das Richtige zum richtigen Zeitpunkt zu denken und dann vor allem auch abzudrücken, es also auch zu tun. Im Krankenhaus wurde mir folgende Taktik vermittelt, die lautete:

„Fresse halten oder auf den Punkt bringen!"

Es wurde wirklich so konkret benannt, und auch die Übung dazu war sehr einprägsam. In den Visiten hatte jeder Patient für alle (!) Anliegen 5–7 Minuten Zeit. Was nicht angesprochen wurde, wurde somit falsch behandelt, oder es fiel einfach unter den Tisch. Du hattest keine 5–7 Minuten Redezeit, du hattest 5–7 Minuten Zeit, auf die Fragen korrekt zu antworten – und vor allem: so knapp wie nur irgend möglich. Wenn dir dann noch die Zeit blieb, selbst etwas zu sagen, war dies meistens nicht das, was alle Beteiligten (meist 5–8 Personen) hören wollten, da du deine Aussagen ja nicht an einer Universität studiert hattest. Was ich hiermit sagen will, ist klar. Manchmal geht es um Leben oder Tod. Nicht immer direkt, aber oftmals sehr unmittelbar und indiskret. Es auf den Punkt bringen zu können ist manchmal der einzige Ausweg aus einer Notsituation. Manchmal hast du nur ein Wort, was alles konkret und so spezifisch wie irgend möglich ausdrücken muss. Es geht natürlich für dich auch weniger dramatisch, wir sind hier ja nicht beim Militär, aber ...

Du solltest immer in der Lage sein, wenigstens ausdrücken zu können, was du willst – und im besten Fall auch in der

Lage sein, dies dann mit gezielten Tätigkeiten um- bzw. durchzusetzen.

Lerne von den Großen. Sie sind Meister darin, ihren Willen und ihre Vorhaben in einen 10-minütigen, präzise getimten Vortrag zu packen und die Worte zur richtigen Zeit am richtigen Platz zu betonen und ihnen Leben und Ausdruck zu verleihen.

Punkt 29
Freude und Leidenschaft

Freude entsteht immer dann, wenn wir etwas tun, was wir lieben. Es geht nicht immer darum, dass wir jeden einzelnen Aufgabenpunkt mögen, der für das große Ganze nötig ist, aber es ist essenziell, dass wir das, was wir übergreifend tun, mit Leidenschaft und Hingabe (im Buch bereits erläutert) verfolgen. Nichts im Leben wird dir auf Dauer gelingen, wenn du es tust, weil du es tun musst oder wenn du es tust, weil andere es von dir verlangen, du aber für dich keinen tieferen Sinn dahinter siehst. Ein wichtiger Punkt dabei ist ebenfalls, dass wir Energie tanken, sobald wir Dinge erleben und tun, die unserer Leidenschaft entsprechen. Egal wie körperlich oder geistig anstrengend sie manchmal sein mögen. Freude bringt dir Leichtigkeit in dein Leben, und Freude entsteht durch Leichtigkeit. Wenn dir etwas „leicht von der Hand geht", ist es naheliegend, dass du aufgrund der kleinen Teilerfolge, die du dabei erfährst, auch Freude empfindest. In diesem Fall muss ich an meine Großmutter denken, die immer zu sagen pflegt: „Teile das, was du hast, und du empfindest große Freude." Für jeden Menschen bedeutet „Freude empfinden" meist etwas völlig Unterschiedliches! Du kannst Freude dabei empfinden, ein Drogenkartell aufzubauen und vor der Polizei zu fliehen, du kannst aber auch, und das ist viel erstrebenswerter, anderen Menschen auf ihrem Weg helfen. Auf ihrem Weg zu mehr Bildung, Entwicklung und Liebe für sich selbst und andere. Das Recht zu bestimmen, was Freude für dich bedeutet, liegt bei dir, SOLANGE du die Gesetze nicht brichst und niemanden um dich herum oder in weiterer Entfernung verletzt oder in seinen Rechten eingrenzt. Also entfällt der erste Vorschlag, wie du unschwer erkennen magst. Es sollte nur verdeutlichen, dass jeder Mensch selbst, frei und eigenständig dazu in der Lage ist, nicht nur seinen Grund der Freude, sondern auch seinen Lebenszweck selbst zu bestimmen. Vor allem aber auch, die Konsequenzen eigenverantwortlich zu wählen und zu tragen.

Punkt 30
Individualität

„Individualität bist du". „Wie meinst du das, Mirco?" Ja! Jeder der 8 Milliarden Menschen auf diesem Planeten ist einmalig, und wir selbst sind daran schuld, wenn wir versuchen, einen anderen Menschen zu kopieren, um vermeintlich besser oder wertvoller zu sein.

Wir brauchen dich!

Und zwar brauchen wir dich so, wie du bist. Jetzt? Nein. So wie du bist, wenn du dich auf den Weg begibst. „Das verstehe ich nicht, Mirco. Was meinst du damit, wenn ich mich auf den Weg begebe? Ich bin doch schon wer?" Ja, aber nur wenn du dich entwickelst und dich in Richtung Fortschritt aufmachst, bist du auf dem Lebensweg. Stillstand bedeutet, dass du stirbst. Die Individualität eines jeden Menschen sucht nach Ausdruck, nach Entfaltung, nach Entwicklung. Wir haben unsere Hände nicht, damit sie schlaff vom Körper hängen. Wir haben unsere Hände, damit wir Gemälde erschaffen, damit wir Häuser und Türme bauen oder auch edle Weine entwickeln, Unternehmen führen, Menschen und Musikstücke komponieren. Wenn wir nichts tun, sind wir individuell sehr wenig. Um nicht zu

sagen, dass wir es dem Leben verwehren, sich durch uns aus-
zudrücken. Tun wir aber unentwegt etwas, was uns voran-
bringt, was sich in der Entwicklung als erstrebenswert erweist,
verbessern wir uns, werden wir größer, filigraner und besser.
Wir konkretisieren unsere Individualität. Ja, wir steigern un-
bestreitbar auch unseren Wert. Über den Wert des Menschen
und woher er stammt und wer ihn bestimmen und beeinflussen
kann, habe ich ja bereits in diesem Buch ein Kapitel verfasst.
Individualität bedarf auch der Verantwortung, sich so Ausdruck zu verschaffen, dass niemand zu Schaden kommt, auch
wenn es wenige gibt, die deinen Weg bereits gegangen sind.
Individuell handeln bedeutet also auch oftmals, eigene Regeln
zu kreieren, diese mit den bereits bestehenden abzugleichen,
anzupassen oder wenn möglich und nötig (und rechtlich ver-
tretbar) auch zu brechen. Arnold Schwarzenegger sagt oft:
„Breche die Regeln und ignoriere die Neinsager!" Manchmal
ist Individualität genau das. Tun, was keiner für richtig oder
gut hält und stark sein, Mut beweisen und für das einstehen,
was du allein für deine Bestimmung hältst. Aber auch bereit
zu sein, den Preis dafür zu zahlen, den Weg zu gehen.

Punkt 31
Effizienz und Strategie

Viele Menschen geben sich damit zufrieden, aktiv zu sein. Das
ist auch erst einmal besser, als auf dem Sofa darauf zu hoffen,
dass jemand vom Himmel zu uns herabsteigt und mit einem
Zauberstab auf deine Schulter klopft und alles gut macht. Nein.
Aktivität ist gut, sie darf allerdings nicht in Aktionismus enden,
der sich wie folgt darstellt: „Ich stehe früh auf, esse hektisch
mein Frühstück, renne zu einer Arbeit, die mir Energie raubt
und mich nicht weiterbringt und komme dann erschöpft zu
einer Frau nach Hause, mit der ich mich nur streite, weil die Ver-
bindlichkeiten so hoch sind, dass ich eigentlich gleich von der

Arbeit zu Hause bleiben und Privatinsolvenz anmelden könnte. Meine Kinder ignorieren mich, weil ich ja so beschäftigt bin." Das, meine Lieben, ist Aktionismus aber mitnichten sinnig. Um effizient zu handeln, benötigst du Werte, Prioritäten und einen Plan. Hast du dir schon einmal Gedanken darüber gemacht, was dir in deinem Leben wichtig ist, in dem Sinne, dass du andere Dinge absichtlich dafür vernachlässigen würdest? Nein? Dann wird es höchste Eisenbahn. Hast du nämlich deine Prioritäten und deinen Lebenszweck festgelegt, wird es für dich einfacher, Aktivitäten folgen zu lassen, die dich wirklich weiterbringen. Der Unterschied zwischen bloßer Beschäftigung und Persönlichkeitsentwicklung ist nur, das zu tun, was dich A weiterbringt oder was B von essenzieller Bedeutung für dich ist. Das kann bedeuten, dass du Menschen aus deinem Leben streichen oder von heute auf morgen mit dem Rauchen aufhören musst. Wenn du einen Traum und die dazugehörigen Werte hast, wird es dir leichter fallen, Opfer zu bringen, weil es für dich mehr Sinn machen wird, temporär Leid in Kauf zu nehmen, als sein ganzes Leben zu verschwenden und sich am Ende fragen zu müssen:

„War's das jetzt?"

Die Strategie ist unerlässlich, weil sie die täglichen Gewohnheiten, also das „Wie" mit dem „Warum" verbindet. Weißt du, was zu tun ist, wirst du zusehen, dich auch an die Schritte zu halten, weil du ja weißt, wofür du es tust, sobald du deine Werte festgestellt und dein „Warum" danach ausgerichtet hast. Eine Strategie zu haben, macht nur Freude, wenn du auch die Disziplin hast, diese regelmäßig umzusetzen, also würdest du gut daran tun, dir besser einen denkwürdigen Traum zu erwählen, da es erst dann auch wirklich Sinn für dich machen wird und machen kann. Wenn du deine Strategie einhältst, lobt dich dein Ego innerlich. Wenn du sie nur zu 50% umsetzt oder gar nicht, wird es dich als Verlierer betiteln, und du wirst das Problem bekommen, diese Sicht der Dinge deines Egos wiedergutmachen zu müssen, indem du noch mehr Disziplin aufwendest. Also ist es durchaus für den Anfang von nicht zu unterschätzender Bedeutung, dass du dir Etappenziele steckst, die erst einmal gut erreichbar sind. Etappenziele sind nötig, da ohne sie jede Strategie eher weniger Sinn macht und ihren Zweck schlichtweg nicht erfüllt. Effizientes Handeln kannst du daran erkennen, dass es dir das Gewünschte einbringt. Tut es das nicht, ist es eine Beschäftigung. Manchmal können die Fakten so schlicht und simpel daherkommen.

Punkt 32
Delegieren

Delegieren, ist mit das Wichtigste, was ein Leader in der heutigen Zeit sowie in der damaligen lernen kann und lernen konnte. Weißt du als Boss beziehungsweise als Leader, wer welche Aufgabe für dich übernehmen kann, kaufst du dir sozusagen den für dich wichtigsten Vermögenswert. Hausfrauen und Mütter kennen ihn, wenn der Babysitter kommen kann, und geschäftige Väter kennen ihn, sobald ein Kollege eine zwar wichtige Aufgabe übernimmt, die für ihn relevant ist, aber sehr viel von diesem Gut in Anspruch nehmen würde: ZEIT. Zeit ist das, was wir mit Gold und Bitcoins nicht kaufen können, und doch brauchen wir sie wie die Luft zum Atmen. Zeit bekommen wir allerdings, wenn wir ein Gefühl dafür entwickeln, welcher Part in unserem Leben was für uns übernehmen kann. Dabei ist Folgendes wichtig. Wir dürfen uns keine Schuld zusprechen, wenn wir den Nachbarn fragen, ob die Kinder mit zu Abend essen dürfen, damit wir mit unserem Mann essen gehen können. Wir haben ja auch Fähigkeiten, die andere brauchen könnten, die wir anbieten oder aber zurückhalten. Es ist sehr bedeutend, dass wir die Fähigkeit entwickeln, andere nicht nur um Hilfe zu fragen, wenn wir sie benötigen, weil es um Leben und Tod geht, sondern auch dann, wenn sie uns nützen könnte. So viele Menschen in unserem Umfeld, wenn es das für uns Geeignete ist, helfen uns gern, weil sie uns lieben, weil sie sich gerne nützlich fühlen. Nichts ist also besser und für deinen Traum geeigneter als ein funktionierendes, intaktes und motiviertes Team.

Punkt 33
Der Wille

Der Wille ist von allergrößter Bedeutung. Ohne ihn lassen sich zum Beispiel Themen wie Disziplin nur schwer beziehungsweise gar nicht umsetzen. Der Wille bringt dich voran, in Richtung Ziel, in Richtung Traum, auch wenn du keine oder nur wenig Kraft hast. Ein unbändiger Wille lässt sich nur schwer besiegen. Oftmals entwickelt sich ein unbändiger Wille dadurch, dass zum Beispiel deine Mutter kurz vor einem Boxkampf stirbt und sie der ganzen Welt vorher kundgetan hat, dass ihr Sohn der Champion der Welt wird. Das kann in dem Boxer, ihrem Sohn, den unglaublich starken Willen hervorrufen, um jeden Preis zu siegen. In diesem Fall sind die Worte „um jeden Preis" sehr, sehr wichtig. Den Boxer wird nichts aufhalten, da er sich gesagt hat: „Meine Mutter ist gestorben, und ich werde es auch, ehe ich ihr Wort breche!" Das setzt nicht nur mentale Kräfte frei, sondern auch körperliche Kräfte, und es veranlasst dich, stärker, präziser und fokussierter zu kämpfen und zuzuschlagen, als du es jemals trainiert hast. Ein unbändiger Wille gepaart mit einem Grund, einem Warum, gibt dir die Fähigkeiten, die du dir als kleiner Junge so sehnlich gewünscht und als Erwachsener allmählich aus den Augen verloren hast. Weil du nicht mehr in der Lage warst, richtig und ehrlich zu träumen, zu wünschen und deine Fabelwesen der Nacht zum Leben zu erwecken.

Punkt 34
Verständnis

Um Verständnis haben zu können, musst du empathisch sein. Authentizität gehört ebenfalls unbedingt dazu. Es bringt dir auf Dauer nichts, wenn du jemandem, zu deinen Gunsten, so lange alles bestätigst, was er sagt, bis er dir aus der Hand frisst. Das mag dir zwar finanziell etwas nützen, du magst kurzfristig beliebt sein, aber du hast dabei absolut keinen Charakter beziehungsweise Ecken und Kanten. Die brauchst du allerdings, um als Mann mit Charisma betitelt zu werden. Du kannst nicht der Gummibaum im Wald sein und dann erwarten, dass man dir Stehvermögen zuspricht oder gar Aufgaben zuteilt, die Männer vertreten und ausfüllen müssen, die sich auch einmal durchsetzen müssen, wenn es heißt, mehreren Menschen gegenüber ein Nein zu vertreten. Verständnis entsteht nur und ausschließlich durch aufrichtiges Interesse. Wenn ein Mensch zu dir passt, hast du dies automatisch, aber für gewöhnlich merkt man dir sehr schnell an, spätestens allerdings im Nachhinein, ob dies nur gespielt oder zum Zweck eingesetzt war. Du musst dir zudem nicht immer merken, bei wem du zu was Ja gesagt hast. Wenn du nur bekräftigst, wen du magst, wirst du auch wissen, wobei du Ja und wobei du „Das ist aber großartig!" gesagt hast. Verständnis hat daher viel mit Nähe und Vertrauen zu tun. Nimmt sich jemand die Zeit für dich, weil du wichtig bist, oder nimmt sich jemand die Zeit, weil er sich einen Verdienst von all dem erhofft?

Punkt 35
Geduld

Geduld kann manchmal bedeuten, dass du das, was du willst, ewig nicht hast, bist oder bekommst. Ich verrate dir einmal ein Geheimnis. Wenn die Sache es wert ist, wartest du, wenn nicht, hoffe, dass du sie niemals bekommen wirst. Das ist im

Beruf der Fall, das ist in der Liebe der Fall, und auch mit deinem Traum ergeht dir das so. Wie ich schon Steve Jobs in diesem Buch zitierte: Manchmal wissen wir einfach nicht, was gut für uns ist. Manchmal wissen wir nicht, wann etwas passiert, und wir wissen oftmals vor allem nicht warum. Manchmal geschieht uns ein großes Unglück, und wir denken: „Das war's!" Oftmals ist allerdings genau das die Möglichkeit, die das Leben brauchte, um uns unsere große Liebe, unseren beruflichen Durchbruch oder auch etwas anderes zu offenbaren. Geduld spielt vor allem eine Rolle, wenn du jeden Tag etwas für deinen Traum tust. Wenn du arbeitest und arbeitest und arbeitest und scheinbar nichts geschieht. Du kannst kurz davor sein, es zu schaffen. Du kannst einen Schritt entfernt sein, und plötzlich sagst du: „Das bringt doch alles nichts!" Und gibst auf. Ich sage dir jetzt etwas, was ich über die Jahrzehnte gelernt habe. Egal ... Egal wie schlimm es um dich steht. Egal wie dreckig es dir geht: Du musst weitermachen. Du musst kämpfen, und vor allem darfst du dich, in dieser Phase deines Lebens, nicht schlechtreden lassen. Von den Stimmen, den Gedanken in deinem Kopf, die dir erzählen, dass du unzulänglich, schlecht oder ungenügend bist. Du bist richtig. Du bist perfekt, oder willst du etwa behaupten, dass Gott einen Fehler gemacht hat, als er dabei war, dich zu erschaffen? Wohl kaum. Du bist einmalige, gewollte, vollkommene Liebe, und dazu darfst du stehen. Wenn du versagst, wenn du einen Fehler machst oder wenn du den größten Erfolg deines Lebens eingefahren hast. Du bist richtig.

Punkt 36
Vergebung

Vergebung ist die einzige Fähigkeit, der ich es verdanke, noch am Leben zu sein. Hätte ich nicht jedem (!) Menschen, der mir etwas angetan hat, bereits vergeben, wäre ich jetzt wohl drogenabhängig, im Gefängnis oder von allen, die ich kenne, als verbitterter Mann vergessen worden. Vergebung lässt dein Herz weich bleiben. Es geht unter anderem nicht einmal darum, dass du den Menschen aktiv oder unmittelbar vergibst, oftmals reicht schon ein Brief, ein Schreiben, welches du niemals abschickst. Hier wirkt das Universum, die denkende Substanz, ähnlich wie bei deinen Glaubenssätzen, bei dem Verschriftlichten deiner Ziele und Träume. Vergibst du deinen Feinden, hast du die Kraft, die du für die Umsetzung deines Traumes brauchst, frei zur Verfügung und musst alte Brücken nicht gleich einreißen, um zu überleben. Faktenorientiertes Handeln, wie du bereits weißt, auch ein Kapitel dieses Buches, wird dir unbedingt dabei helfen, zu ertragen, dass du gerade zu jemandem gut bist, der es vielleicht in dieser Sekunde gar nicht verdient hat. Gut zu einem Menschen zu sein, obwohl er es vielleicht in diesem Moment gar nicht verdient hat und du diese Geste nur schwer erträgst, ist wichtig, und das habe ich ebenfalls schon einmal in diesem Buch erwähnt. Es ist eine Fähigkeit, die dich dem anderen gegenüber groß und erhaben wirken lässt. Es hat mit Liebe zu tun, aber auch mit Selbstrespekt. Du sagst dir: „Ich bin es wert, das Gefühl, welches du mir machst, nicht länger mit mir herumzutragen. Ich bin es mir wert, zu leben, und zwar ohne die Last, welche durch dich für mich unnötig entsteht."

Punkt 37
Begehren

Du musst (Musst ist mein Lieblingswort, wenn etwas unbedingt getan werden muss). Du musst das Begehren fühlen, etwas unbedingt und mit aller Kraft zu wollen. Genau, wie ich es in dem Kapitel über Disziplin geschrieben habe, dass es ohne das nicht geht, ist es auch ohne Begehren nicht möglich, etwas ausreichend in sein Leben zu ziehen. Wenn du etwas begehrst und es ausreichend willst, wirst du automatisch genug dafür tun, wirst die Energie freisetzen, die es benötigt, um die Dinge, Menschen und Begebenheiten in dein Leben zu ziehen, sie anzuziehen, derer es bedarf. Wenn du etwas begehrst, heißt es meist automatisch, dass du ohne diese Angelegenheit nicht weiterleben willst und oftmals auch kannst. Dieses Entstehen von Dringlichkeit, ermöglicht dir den Drive, den du brauchst, um zu verstehen, was wirklich zählt in deinem Leben und was du, wenn du es getan und umgesetzt hast, garantiert nicht bereust, wenn du sterben solltest. Das Begehren vermittelt dir oftmals auch das Durchhaltevermögen, das du brauchst, wenn du einmal eine Durststrecke haben solltest. Begehre mich, werden viele Frauen und Männer denken, und das Gleiche denkt sich, mein Freund, auch dein Traum, wenn er in deinem Kopf im Entstehen ist. Er sagt sich, fütter mich, beschütze mich, fördere mich. An jedem Tag von Neuem. Etwas zu begehren, hat auch etwas damit zu tun, dass wir etwas wertschätzen oder jemanden respektieren. Respektierst du deinen Traum, denkt er sich womöglich:

„Ich bin es wert, ich wurde geboren, und da ist jemand, der will, dass ich wachse, dass ich gedeihe, dass ich zum Leben erweckt werde und nicht einfach nur existiere."

Punkt 38
Familie

Familie. Manchmal wollen wir uns scheiden lassen. Von den eigenen Verwandten. Manchmal geht einem die Mutter auf den Keks, oder der neue Freund von ihr ist unausstehlich, aber eines müssen wir uns bewusst machen. Das eigene Blut ist wertvoll und begleitet uns unser gesamtes Leben. Die Mutter, die dich geboren hat und dein Leben lang lieben wird, die für dich sorgte, als du es noch nicht konntest. Die an deiner Seite ist, bedingungslos, auch wenn sie eigentlich die Grippe hat und ins Bett gehört. Der Bruder, der seinen wichtigsten Termin im Jahr absagt, um dich im Krankenhaus zu besuchen oder der sich einfach in den Zug setzt und dich besucht, nach stundenlanger Fahrt, obwohl du nicht einmal Geburtstag hast. Du magst dich vielleicht ärgern, wenn ihr euch alle streitet, aber denke daran, wer mit dir Baumhäuser bewohnt hat in deiner Kindheit, wer dir den ersten Cartoon auf deinen ersten Gips gemalt hat. Du bist in der Lage zu verzeihen, und wie ich über das Thema Beziehungspflege bereits schrieb: „Einen Menschen zu verstoßen ist leicht, mit dem Thema des Bereuens zu leben, kurz bevor du stirbst, ist nicht möglich."

Also sei dir bewusst, dass das, was du manchmal tun willst, was dir als gut und richtig erscheint, oftmals nur im Affekt, durch das Reagieren entsteht. Mein Bruder zum Beispiel ist der wertvollste Verwandte, den ich habe, und du glaubst mir sicherlich, dass es wahr ist, dass wir uns in unserer Kindheit auch häufig gestritten haben. Mit niemandem auf der Welt ist es gut, den Kontakt ganz und vollständig abzubrechen, auch wenn es manchmal wichtig ist, temporär Abstand zu nehmen, weil es ein Signal an unser Ich, an unser Ego ist. Es denkt sich jedes Mal unterschwellig:

„Wieder ist da eine Beziehung, die ich nicht führen, die ich nicht pflegen kann, wieder ist da jemand, der mich nicht mag."

Dieser Liebesentzug, den wir selbst herbeiführen, schadet uns, auch wenn uns die Erhaltung der Beziehung vielleicht Kraft kostet. Das harmoniert dennoch mit meinem Schreiben in diesem Buch, dass du bist, mit wem du dich umgibst, da es, und jetzt wird es wichtig, darauf ankommt, in welcher Distanz du deine Verwandten zu dir hältst. Du musst oder sollst keinesfalls das Haus oder die Freizeit mit ihm teilen, wenn er dir unentwegt Energie entzieht, aber dennoch ist es wichtig, die Verbindung „offenzuhalten", da du nie weißt, wer dir wann doch wieder etwas bedeutet oder von wem du einmal einen Rat brauchen solltest. Wenn du in der Not bist, kann es nämlich durchaus sein, dass dir Menschen helfen, die in deinem bisherigen Leben eher auf der Seite der Gegner standen. Wir können zum Ende hin sagen, was wir wollen ...

Blut ist dicker als Wasser, und Familie bleibt ein Leben lang die gute, alte Familie. Punkt.

Punkt 39
Minimalismus

Minimalistisch handeln bedeutet nicht, dass du dir ein Butterbrot schmierst, die Butter weglässt und genussvoll reinbeißt und dich zwingst, es zu genießen, nein! Minimalismus bedeutet, dass du eine 30-qm-Wohnung für eine Zeit in deinem Leben hast, den Dachboden nicht brauchst und in deiner Wohnung jede Menge Platz zum Tanzen ist. Luxus bedeutet nämlich manchmal gerade, wenig zu besitzen und Platz zu haben. Ich sage den Menschen, die sich so schwer trennen können immer: „Du fragst dich (vielleicht berechtigt) bei jeder einzelnen Sache, die du besitzt, immer bevor du sie wegschmeißt: Was hat die gekostet (die Lampe), was hängt an Erinnerungen daran und was bedeutet sie für mich? Niemand fragt sich allerdings: Zahlt die Lampe für ihren Standort die Miete oder ich? Was kostet mich die Lampe monatlich? Sie nimmt einen halben qm ein, und was kostet mich dieser halbe qm an Miete jeden einzelnen Monat? Dies bereits schon seit 20 Jahren? Da kommt eine

Summe zusammen. Was könnte ich vor allem mit dem Platz anstellen, wenn ich ihn neu nutzen könnte und ihn frei zur Verfügung hätte? Ist Platz nicht auch Lebensqualität? Viele Menschen, die viel Raum in ihrem Leben haben/einnehmen könnten, schätzen sich auch mehr als diejenigen, die alles zugestellt haben. Sie reden von sich selbst oftmals als: kleine Leute."

Punkt 40
Beobachtung oder Bewertung

Wir müssen uns im Klaren sein, dass wir nicht beobachten, wenn wir bewerten und dass wir nicht bewerten können, wenn wir in vollstem Ausdruck beobachten, mit allen Sinnen. Dabei ist beides so wichtig. Beides hat seine Daseinsberechtigung. Wir müssen allerdings zuerst beobachten, bevor wir bewerten dürfen/können. Nehmen wir unsere Umgebung nicht neutral wahr, bevor wir in die Bewertung gehen, erschaffen wir für uns vielleicht eine Realität, die der ihren gar nicht entspricht! Wir sind nämlich mit unserem Geist in der Lage, wir besitzen die Fähigkeit, uns mit unseren Gedanken eine Realität zu erschaffen, die mit der mit den Sinnen wahrgenommenen Realität gar nichts zu tun hat. Das ist der Schlüssel dieses Buches. Wir müssen uns immer die Realität erschaffen, bevor wir sie erfahren. Mithilfe von Visualisierung, Glaubenssätzen, täglichen Schritten und Autosuggestion. Dabei hilft es allerdings ungemein, vorher das beobachtet zu haben, was man mit seinen Sinnen wahrgenommen hat. Bewertest du es dann entsprechend deiner Werte, Prioritäten und in Bezug auf deinen Traum, kann und wird dich nichts und niemand aufhalten, wenn, ja, wenn dein Traum für das Kollektiv, für andere Menschen nützlich und zugleich förderlich ist. Zerstörerische Ziele und Träume aller Art sind nicht lebensbejahend und haben im Kopf eines Menschen und auch in keiner Religion dieser Welt etwas zu suchen. Bewertest du allerdings mit deinem Wissen und deiner Wahrnehmung eine Situation, solltest du dir immer bewusst sein, dass dies nur deine subjektive Auffassung deiner selbst ist.

Punkt 41
Bedürfnisse

Es hat nichts, aber auch gar nichts damit zu tun, dass dein Verhalten edel ist, wenn du dich zur Liebe anderer vernachlässigst. Es ist auch im Umkehrschluss keinesfalls egoistisch, wenn du immer nur zuallererst an deine Bedürfnisse denkst, bevor du anderen hilfst. Hast du schon einmal einen Toten einen anderen Menschen retten oder aus einem brennenden Haus tragen sehen? Nein. Um helfen zu können, müssen wir zuerst unsere eigenen Grundbedürfnisse decken, anderenfalls können wir gar nicht nützlich für eine andere Person sein. Glaubt ihr, ich wäre gesund geworden im Krankenhaus, wenn ich über die Station gelaufen wäre und jeden versucht hätte zu heilen? Nein. Du musst an dich denken, bis du wieder einsatzfähig bist. Außerdem bedeutet es, wenn du zuerst an dich denkst, dass du das Leben an sich respektierst, dass du zufrieden mit dem bist, was du von Gott bekommen hast. Im weitesten Sinne ist es Gotteslästerung, wenn du dich, deinen Körper oder deine Seele und deinen Geist vernachlässigst. Jetzt kommt ein ungewohntes Wort für dieses Buch zum Einsatz:

Wir DÜRFEN an uns denken. Wir DÜRFEN unsere Bedürfnisse an oberste Stelle setzen. Solange wir andere Menschen nicht angreifen, solange wir keine elementaren Grenzen überschreiten oder einen anderen in seiner Entfaltung beeinträchtigen, dürfen wir aus unserem Leben machen, was wir wollen.

Punkt 42
Achtsamkeit

Wenn du etwas achtsam tust, machst du es, weil es dir etwas bedeutet. Warum rennen wir dann die Treppe hinunter? Ist uns die Pünktlichkeit an einem Tag, auf der Arbeit, wirklich wichtiger, als die nächsten 6 Wochen hingehen zu können? Ist uns die Pünktlichkeit bei einem Termin wirklich wichtiger als unser Leben? Ich gehe sogar so weit: Im Regelfall bist du nicht achtsam, wenn du dir den Arm brichst. Viele Menschen sagen: „Dafür kann ich aber doch nichts!" Doch! Wenn du auf dein Handy guckst anstatt auf die Fahrbahn und du dann einem Laster auffährst, dann kannst du etwas für den gebrochenen Arm. Auch hier gilt wieder das Konzept: Verantwortung übernehmen. Auch dann, wenn wir scheinbar keine Schuld haben. Wie ich bereits in diesem Buch erwähnte: Schuld interessiert niemanden, außer vielleicht die gegnerische Versicherung. Wie oft in deinem Leben ist der Knochen binnen weniger Stunden wieder zusammengewachsen, weil du den Schuldigen gefunden hast. Dieses Wunder geschieht erst, wenn du dir eingestehst, dass du im Prinzip der Schuldige bist, weil du eben nicht achtsam, nicht aufmerksam warst. Die Macht ist groß, wenn wir realisieren, was möglich ist, wenn wir uns sagen:

„Ich gehe jetzt bewusst die Treppe runter und schütze so meinen Körper" (und zwar bevor wir unten aufschlagen). Für das nächste Mal vorsorgen schafft jeder Thor, aber vorzusorgen, bevor etwas passiert, etwas geschieht, das ist Kunst, und du bist der Michelangelo deines Lebens. Du kannst erkennen, annehmen und loslassen, du kannst erkennen, erschaffen und bewerten. Das, was dein Gehirn kann, kann nichts auf dieser Welt nachahmen, und das wird auch so lange so bleiben, bis Technik mit Biologie verschmilzt und wir von unserem zweiten Ich, unserem Abbild, zu einer Partie Schach aufgefordert werden und unser Abbild eine Träne verliert, wenn wir für längere Zeit aus dem Haus gehen. Achtsamkeit ist insofern wichtig, weil wir sie brauchen, um mit unseren Gedanken aktiv etwas erschaffen zu können. Es ist zwar einer der ersten Schritte, achtsam zu sein, aber er bedarf der größten Übung. Wie lange diese Fähigkeit an Übung bedarf, wirst du merken, wenn du dich einmal auf einen Stuhl setzt und versuchst, deinen Körper ruhig zu halten. Wenn du dann noch 15 Min. in der Lage bist, erst deine Gedanken ziehen zu lassen und sie später dann zu kontrollieren, sie auf ein Ziel zu fokussieren, ist das eine große Leistung.

Punkt 43
Zuversicht

Du benötigst Zuversicht. Nicht die, die du hast, wenn alles reibungslos verläuft, nein. Die, die du hast, wenn deine Mutter stirbt, unvorbereitet bei einem tragischen Autounfall. Die Art von Zuversicht, die du hast, wenn dein Haus in Flammen steht. Die Zuversicht, die du dir selbst erschaffst. Die Zuversicht, für die du selbst verantwortlich bist. Manchmal im Leben kommt es darauf an, zuversichtlich zu sein, wenn alles scheiße ist. Es ist schwer, klar, aber nur so behältst oder kreierst du das Mindset, die positive Geisteshaltung, die es benötigt, um voranzukommen, um etwas Positives zu erschaffen. Du musst die Schwingung für deinen Wunsch, in Form deines Traumes, erst erreichen, UND DANN kann das in dein Leben treten, wonach du dich sehnst. Zuversicht zu haben bedeutet auch immer, Hoffnung zu haben, dass es besser wird, egal wie es um dich herum aussieht, wie es um dich bestellt ist. Glaube mir, ich weiß, dass es schwer ist, in Zeiten von Trauer und Leid, zuversichtlich zu sein, aber es kann und wird niemals besser werden, wenn wir nicht das Energiefeld um uns erzeugen, welches wir benötigen, um unser Leben zum Guten zu verändern. Genau das ist das Problem für jeden depressiven Menschen. Er kommt nicht aus dem Negativen heraus, und solange er nicht aus dem Negativen heraustritt, leider nur aktiv möglich, wird und kann sich für ihn nichts verändern. Für mich persönlich ist das die eigentliche Schwierigkeit an dieser psychischen Erkrankung, und da helfen auch keine Tipps und Ratschläge von Menschen, denen es gut geht oder die vorleben, wie leicht doch alles ist.

Punkt 44
Stress

Stress ist für jeden ein individuelles Wort, aber eines kann ich vorwegnehmen. Du empfindest für gewöhnlich nur in zwei Situationen Stress:

A Ich werde bedroht.
B Ich tue etwas, was mir nicht entspricht.

Das sind die beiden Wege, Stress zu empfinden. Punkt A können wir nur bedingt beeinflussen, da gebe ich dir recht, aber du kannst mir nicht weiß- machen wollen, dass du Stress empfindest, wenn du 14 Stunden an deinem für dich wichtigsten Tag im Leben an deinem Traum arbeitest und dich dabei in einem energiereichen, produktiven Flow befindest! Stress empfindest du allerdings, wenn du jeden Tag 8–10 Stunden etwas tust, was dir nicht nur Energie, sondern auch vor allem Nerven raubt. Du tust etwas für jemanden, der es dir nicht dankt, oder im schlimmsten Fall ist deine Arbeit eine Verwaltungstätigkeit, die dir selbst nur wenig Erfüllung bietet. Wir alle (!) brauchen im Leben eine Aufgabe, die uns in Ekstase versetzt, die uns nicht nur die Hoffnung auf Erfüllung gibt, sondern auch das Gefühl, gebraucht zu werden. Stress empfinden wir bei Punkt A, und es nützt uns (Säbelzahntiger ist hinter uns her, und wir können aufgrund des Adrenalins schneller laufen), aber dieses Adrenalin, welches uns warnen will, nützt uns nur wenig, wenn der Chef hinter uns her ist und uns den Freitagabend versauen will. Wir müssen höllisch aufpassen, auf was wir uns im Leben einlassen, da wir oftmals erst zu spät merken, woher unser Stress eigentlich kommt. Meist entspringt der uns über Jahre begleitende Stress einer einzigen falschen Entscheidung, bei der wir jetzt in der Gegenwart nicht den Mut haben, sie zu korrigieren, weil wir ja „so viel reingesteckt haben!" Wir dürfen niemals etwas weiterführen, nur weil wir bis zu dem Zeitpunkt Energie oder Zeit beziehungsweise Liebe investiert haben. Ist denn unser künftiges Leben nicht mindestens genauso viel wert wie das Leben, welches wir bisher lebten?

Punkt 45
Geld als Diener

Ich liebe Geld. Falsch. Ich liebe das, was man für Geld bekommt! Zeit mit der Frau, schöne Erinnerungen, Freiheit, Nahrung, edle Kleidung, einen gesünderen Körper, Gesundheitsmaßnahmen. Geld ist nämlich nur ein Platzhalter. Wenn wir Geld nicht hätten, müssten wir wahrscheinlich versuchen, unsere Kleidung in Plastiktüten mit in das Flugzeug in den Urlaub zu bekommen, weil wir nicht die Chance hätten, uns einen geeigneten Koffer zu kaufen. Natürlich hätten wir dann auch nicht die Kleidung und erst recht nicht die schädlichen Plastiktüten. Wir hätten ebenfalls keine Flugtickets, und das Flugzeug müsste am Boden bleiben, weil niemand dafür bezahlt werden würde, das Flugzeug zu betanken oder die nicht vorhandenen Koffer in den Bauch des Flugzeugs zu laden. Was ich damit sagen will: „Geld ist schlecht oder die Wurzel allen Übels" – das ist völliger Unsinn. Wir sagen auch nicht, nur weil wir unter Wasser sind: „Luft ist schlecht!" Geld ermöglicht dir alles, was du im Leben brauchst, es sei denn, du willst mit deiner Frau in einem selbst gehäkelten Zelt im Garten deines Nachbarn verhungern, dann benötigst du Geld nicht. Geld ist nun einmal das Öl im Motor unserer Gesellschaft, und es hat etwas Besonderes an sich. Es scheint menschliche Züge entwickelt zu haben. Geld ist eifersüchtig. Wenn du dich ihm nicht ausreichend widmest, entfernt es sich von dir, und wenn du ihm nicht ausreichend Aufmerksamkeit schenkst oder achtsam mit ihm umgehst, verschwindet es allmählich. Geld, und das will ich im Wesentlichen hier zum Ausdruck bringen, ist ein Platzhalter, ein Truthahn in Papierform, den ich in meinen Geldbeutel stecke und irgendwann wieder herausholen kann, wenn ich ihn benötige. Ich mag Geld, und wenn du das ebenfalls sagen kannst, ist es sehr wahrscheinlich, dass es sich von dir angezogen fühlt, da eine weitere menschliche Eigenschaft des Geldes Folgende ist:

„Es wird gerne umgarnt und umworben. Es fühlt sich geschätzt, und das zahlt es dir vielfach zurück."

Ein weiterer wichtiger Punkt ist, dass Geld bereit ist, für dich zu arbeiten, sich für dich zu vermehren, ohne dass du unmittelbar dabei oder an seiner Seite bist, was dir wiederum mehr von dem Vermögenswert Zeit und anderen Dingen einbringt. Zu diesem Thema empfehle ich dir gern ein zweites Buch:

„Der reichste Mann von Babylon."

Von George Samuel Clason.

Du wirst das Prinzip, das mir im finanziellen Bereich half, schnell entdecken und für dich lieben lernen.

So weit bis hierher. Mir ist es wichtig, dass ihr wisst, dass mein Leben nicht nur linear und sorgenfrei verlaufen ist. Mir ist wichtig, dass du weißt, dass mein Leben vielleicht genauso verlaufen ist wie deines. Dass ich traurig dagesessen habe, verzweifelt war und am Ende. Dass ich dachte, am Ende meines Lebens zu sein, weil ich nicht wusste, wie es weitergehen soll. Genau in diesem Moment haben mir Menschen geholfen, waren mir durch Taten und Hunderte von Büchern ein Vorbild und haben mich geführt. In diesem Moment ... In diesem Moment war auch mein (der) Vater für mich da. Genauso möchte ich es jetzt bei dir machen. Dich ein Stück weit führen, den Weg mit dir gehen als dein Begleiter, dir ein Stück weit mit meiner

Geschichte eine Inspiration sein, dir ein kleines Stück weiterhelfen, damit wir uns an der nächsten Weggabelung in die Augen sehen können, wissend, dass wir beide den anderen zwar im Herzen tragen, aber allein und sicheren Schrittes voranschreiten können. Mit einem Lächeln auf dem Gesicht. Ich werde dich nicht verlassen, ich respektiere dich, und das bedeutet auch, dass ich dir zutraue, den restlichen Weg auf eigenen Beinen, mutig, zu gehen. Auf deine Entscheidungen und Gefühle zu vertrauen und zu wissen, dass du es meistern wirst, genau, wie ich es gemeistert habe und ...

Dass du den Frieden in der Meisterschaft finden wirst!

Aber in erster Linie möchte ich dir ein Freund sein, der weiß, wie du dich fühlst und der für dich da ist:
Mirco Wörmke

Ende 1. Teil

The Peace Of Mastery (2. Teil)

Das Erste, was ich mit dir geteilt habe, war meine Geschichte. Im ersten Teil habe ich dir meine Geschichte dargelegt, habe ich dir das mitgeteilt, was mich in meinem Leben bewegt hat, und ich habe es „Gründe, warum nicht" genannt.

Das sind nämlich immer die Gründe, die uns Menschen von unserem Erfolg, von unseren guten Taten abhalten. Jeder findet irgendwie, irgendwo einen Grund, warum er genau den Traum, den er hat, nicht verwirklichen kann, nicht verwirklichen darf oder letztendlich nicht verwirklichen wird. Die Gründe, warum nicht in meinem Leben, also die Gründe, warum ich eigentlich keinen Erfolg hätte haben dürfen, haben mich **eben nicht** davon abgehalten, Erfolg zu haben. Auch deine Gründe werden dich nicht auf Dauer davon abhalten, es zumindest einmal zu versuchen.

Im zweiten Teil habe ich dann alle Tools aufgeführt, alle wichtigen Beweggründe, wie du in der Lage sein wirst, deine Ziele zu erreichen. Wie du es schaffst, deine Gründe, die dich davon abhalten, dieses Ziel zu erreichen, in Fähigkeiten umzuwandeln, es doch zu erreichen. Am Ende wirst du sagen: **„Deswegen erst recht!"** Das sind die 45 Punkte.

Der dritte Teil verknüpft Teil eins und Teil zwei miteinander und führt aus, welche Punkte, die ich im zweiten Teil aufgeführt habe, welche Eigenschaften, welche Fähigkeiten mich dazu geführt haben, das Ruder zu übernehmen. Das heißt, wenn ich z. B. das Thema Entscheidung genutzt habe, welches ich als Punkt zwei aufgeführt habe, habe ich überlegt, was ich in den widrigen Umständen tun musste, dass eine Entscheidung notwendig war. Für mich war und ist es immer wichtig, dass ich alles durchziehe, was ich beginne. Mit ein Schlüssel für ein effizientes Leben. Gerade im gesundheitlichen Part meines Lebens war mir das sehr wichtig, weil ich mir bewusst machen musste: Fange ich jetzt etwas an? Breche ich es wieder ab? Werde ich wieder krank? Mache ich halbe Sachen? Treffe ich also eine falsche Entscheidung oder bin ich in der Lage, es durchzuziehen und Siege einzufahren? Bin ich in der Lage, die Nebenwirkungen der Medikamente zu überleben, oder ist es schwieriger, ohne Medikamente zu überleben? (Medikamente sind essenziell). Bin ich in der Lage, mit dem Arzt, mit dem Krankenpfleger zusammenzuarbeiten, so zusammenzuarbeiten, dass es gut ist, dass es effizient gestaltet ist? Dass ich in der Lage bin, immer und zur richtigen Zeit zuverlässig meine Medikamente zu nehmen, egal was oder wer mich davon abbringen will?

Ich habe für mich dann die Entscheidung getroffen, dass ich es durchziehe:

Du gehst ein Risiko ein, du hältst durch, du schaffst das. Du machst die Therapie, auch wenn dir die eine oder andere keinen Spaß macht. Du nimmst diese Medikamente, auch wenn sie dir durch die Nebenwirkungen Schmerzen zufügen oder Probleme bereiten.

All dies sind Dinge, wofür eine Entscheidung notwendig war. Am Ende natürlich auch: Bringe ich mich um? Nehme ich mir das Leben, oder verwirkliche ich meine Träume?

Dann die Verpflichtung dazu. Wenn du einen Traum hast, wenn das Feuer in dir brennt, dass du dich dazu verpflichtest, dieses Feuer am Brennen zu halten bzw. die Glut anzufachen und damit das Feuer zum Brennen zu bringen. Die Möglichkeit, die in dir nach Ausdruck sucht, auch zu verwirklichen. Dass du tust, was auch immer du tun musst, um **deinen Erfolg** einzufahren, um **deine Schritte** zu gehen, um dem Ziel näherzukommen, welches dir so viel bedeutet! Du definierst für dein Leben den Begriff Erfolg, niemand sonst auf dieser Welt. Nicht deine Freunde, nicht deine Verwandtschaft und auch nicht dein Partner. Niemand hat dir da reinzureden. DU musst mit dem Ergebnis leben, du allein! Das setzt allerdings voraus, dass die eigenen Gedanken, Worte und Taten Sinn machen. Ich musste mich immer verpflichten. Ich musste immer das tun, was kein anderer in mir sehen konnte, worin mich kein anderer unterstützt hatte, weil es mir kein anderer zugetraut hat. Immer wurde ich als „anders" bezeichnet, und hätte ich dem nicht irgendwann zugestimmt, es billigend bejaht, wäre ich, glaube ich, auch nie diesen Weg gegangen.

Der Glaube war so wichtig für mich, weil ich oftmals der Einzige war, der an mich sowie das Gelingen glaubte. Wenn niemand an dich glaubt, musst du in der Lage sein, an dich und deine Träume zu glauben. Wenn es dunkel um dich herum wird, wenn du der Einzige im Zimmer bist, wenn du der Einzige bist, der den Schmerz spürt, der ihn beschreiben kann und wenn du allein bist, weil alle anderen dich verlassen, ja, vielleicht sogar misshandelt haben, dann ist es immens wichtig, an dich und deine Ziele zu glauben und auch den Glauben darin zu finden, an was du glauben kannst. Vielleicht auch den Glauben in Gott zu finden. Es ist egal, an was du glaubst, an welchen Gott du glaubst. Wir leben unter einer Energie spendenden Sonne, und glaube mir, solange es andere weiter- bringt und DICH dazu bringt, weiterleben zu wollen, ist es gut so.

Es war für mich immer sehr wichtig, den Fokus nicht aus den Augen zu verlieren, denn sonst wäre ich im Krankenhaus nicht zu allen (bedeutet 100%) Therapien gegangen und hätte nicht alles gemacht, was man mir aus ärztlicher Sicht empfohlen hat, auch wenn der nächste Schritt hätte bedeuten können, tot zu sein. Hätte ich den Fokus in den Gesprächen mit den Therapeuten in den Therapiestunden aus den Augen verloren, hätte ich wahrscheinlich auch in der hundertsten Therapiestunde noch von meinen Problemen, Sorgen und Gründen, warum alles so schlimm war und warum alles nicht weitergeht, geredet. (Sich Sorgen MACHEN, erinnert ihr euch?)

Die Basisarbeit hat mir gerade in den Phasen, in denen ich auf mich allein gestellt war, sehr geholfen.

Ich musste mich immer daran erinnern, dass, wenn ich diese Basisarbeit nicht leiste, auch niemand anderes diese Arbeit für mich machen wird. Dann wird das, was notwendig ist, nicht gemacht.

Dementsprechend musst du diese Extra-Meile gehen, musst du diese extra fünf Minuten durchhalten, musst du derjenige sein, der noch auf dem Sportplatz ist, wenn es um dich herum dunkel wird und wenn das Flutlicht ausgeht. Du musst derjenige sein, der zu dieser schmerzhaften Reha- Sportstunde geht. Ja! Wenn es bedeutet, dass du dich, wie ich damals mit Krücken, über den Gang schleifst, mit der Gefahr, auf die Nase zu fallen, weil die Beine nicht mehr funktional waren. Du musst dann derjenige sein, der die letzten fünfzig Elfmeter noch macht, es noch einmal zusätzlich probiert, es einfach noch mal wissen will. DU musst derjenige sein, der die Basisarbeit erledigt. Auch oder gerade, weil kein anderer sie von dir fordert. Leistung bringen, wenn keiner hinsieht oder niemand applaudiert. Niemand zittert mit, denn es ist nicht sein Erfolg, an dem du arbeitest. Jeder ... Jeder ist für seinen Erfolg oder das Gelingen seines Vorhabens selbst verantwortlich. Dieser Satz ist keine Beleidigung; er ist die Chance, auf die du so hart hingearbeitet, auf die du sehnlichst gewartet hast. Es ist ein Loslösen des Scheinschmerzes, der, bisher immer vermutet, nur durch andere entsteht.

Über den Tellerrand hinauszugehen, ist gleichbedeutend damit, die Komfortzone zu verlassen. Immer wenn es unbequem wurde, immer wenn es schmerzhaft wurde, gerade im Krankenhaus, in den Therapien, nach den Operationen, musste ich mir bewusst machen, dass ich über meine eigenen Grenzen hinausgehen muss. Leiden, durch Wachstum, um leben, um durchatmen zu können, ja, um aufatmen zu können. Jedes Mal, wenn du an diese Grenze kommst, musst du dir Gedanken darüber machen, ob du über diese Grenze hinausgehst, gehen WILLST und damit an der Situation wächst und an Heilung glaubst oder aber die Gelegenheit verstreichen lässt und kapitulierst. Aufgabe und Opferdasein ist auch eine Entscheidung, wenn auch meist nicht absichtlich oder bewusst herbeigeführt. Dir muss bewusst sein, dass ich alles, was ich an Negativem erlebt habe, nur erlebt habe, weil ich es bewusst oder meist unbewusst zugelassen oder erduldet habe. Ich war und bin dafür verantwortlich! Das war eine sehr harte Erkenntnis, die mich da getroffen hat, aber ich danke Gott, dass ich mir das verinnerlichen durfte, um so wieder aufs Deck zu gelangen, bei Sturm und kalter Nacht – und um dann, kurz vor Schluss, wieder erfolgreich das Steuerrad übernehmen zu dürfen und die Mannschaft in den Hafen zu führen ...

Dankbarkeit war für mich auch sehr wichtig. Jedes Mal, wenn ich Schmerz empfunden habe, jedes Mal, wenn mich jemand verlassen hat, jedes Mal, wenn jemand nicht an mich geglaubt hat, dann war für mich die Dankbarkeit das Fenster, welches ich aufstoßen konnte, um zu atmen, um Luft zu holen.

Dankbarkeit sollte nämlich nicht nur dann ausgelebt werden, wenn es einen Grund dafür gibt, weil du etwas bekommen hast, weil du im Überfluss lebst, dann, wenn es einfach ist, sondern auch im Mangelzustand. Auch oder gerade in dem Moment, in dem du allein bist, Probleme hast, in diesen Momenten solltest du dankbar dafür sein, was du noch hast und womit du gesegnet bist. Was noch da ist. Was Gott dir gegeben hat. Auch wenn es dich vielleicht Mühe kostet, es zu sehen. Ja, vielleicht sogar, wenn du noch nicht bereit bist hinzusehen. Ein Verlust ist nur ein Verlust, wenn wir etwas verlieren, bei dem wir geglaubt haben, dass es unser Anrecht sei, es besitzen zu können. Das Einzige, was garantiert ist im Leben, in unserem Leben, ist Vergänglichkeit.

Du darfst in Problemsituationen kein „Sorgen-Produzent" sein. Ich habe bereits erwähnt, dass es der größte Fehler des Menschen ist, sich Sorgen zu machen. Sich selbst Sorgen zu produzieren ...

Der kleine Mann:

Ich stelle mir immer vor, wie ein kleiner Mann in seinem Häuschen sitzt, völlig verschwitzt und angestrengt dreinblickend, auf die Uhr schauend, in seiner Drama-Manufaktur, und wie Stunde um Stunde ein Paket vom Werktisch fällt, unser ganzer Stolz. Wieder einmal haben wir etwas produziert, was niemandem weiterhilft, was niemanden ernährt und niemanden kleidet. Es ist einfach nur da, nimmt Platz weg und hat Kraft, Nerven und Anstrengung gekostet. Zeit verschwendet, Einsatz verschwendet. Lebensenergie verschwendet – Feierabend!

Wenn du im Leben schon die „Unglückskarte" gezogen hast, wenn du z. B. im Krankenhaus sitzt und es offensichtlich ist, dass nichts mehr geht, dass es nicht mehr weitergeht für dich (Endstation!), dann darfst du dir nicht zusätzlich mit Vermutungen, Zweifeln und Ängsten Sorgen machen. Ich weiß, das zu sagen, geschweige denn es zu verlangen, ist nahezu unmöglich. Ich habe es selbst erlebt. Du sitzt da und verstrickst dich immer und immer wieder in das Leid, welches ja sowieso da ist. Wenn du morgens deine Augen öffnest, um den ersten bewussten Atemzug zu tun, und wenn du abends schweren Herzens ins Bett gehst, weil du es verfluchst, dass morgen die Sonne wieder aufgehen muss. An dieser Stelle muss ich dir was beichten: Es wird so lange an deiner Seite bleiben, bis DU etwas aktiv anders machst als gestern. Sch ...! Habe ich mir auch gedacht. Hundert Mal. Das ist hart, ich weiß. Es ist aber die Wahrheit. Ich habe Jahre gebraucht, um das herauszufinden. Wenn du dich auch nur dazu bewegen kannst, aus einem Fenster mit einer schöneren Aussicht zu blicken. Wenn du heute ein Shampoo mit Duft benutzt anstatt immer dieses Krankenhaus-Shampoo, es IST eine Veränderung. Es IST eine Veränderung. Egal wie klein dein Schritt sein mag, wenn du einen Schritt gehst, ist es an Wert gleichbedeutend mit dem Gewinn einer Goldmedaille bei den Olympischen Spielen. Du definierst den Wert deines Erfolgs. Wenn er dir nichts wert ist, dieser nächste Schritt, dieser Schritt in eine bessere Zukunft, voller Freiheit und Selbstverwirklichung: gut! Dann ist dein Erfolg nichts wert! Auch eine Entscheidung, die jeder akzeptieren muss und auch akzeptieren wird. Du brauchst einen klaren Kopf und eine klare Ausrichtung in jedem Moment, in jeder Minute, in jeder Sekunde. Hierzu gehört natürlich auch faktenorientiertes Handeln. Aber auch Fehler. Im Krankenhaus habe ich jeden Tag Fehler gemacht. Jedes Mal, wenn ich mir etwas zugetraut, etwas erhofft habe, ist es aus einem Lernprozess entstanden, der möglich war, weil ich Fehler gemacht habe. Dafür sollte man allerdings auch in der Lage sein, seine Gedanken, Worte und Taten in Echtzeit zu reflektieren.

Die 4,5 Jahre Krankenhausaufenthalt, die schmerzhaften Erfahrungen in meinem Leben wie Scheidung und Insolvenz oder körperliche Gewalt in Isolation waren eine einzige Erfahrung, waren ein einziger Wachstumsprozess. JEDE Erfahrung hat mich groß werden lassen. Dieser Prozess ist nur möglich, wenn du nicht nur das lernst, was dir vorgegeben wird, sondern weil du lernst, weil du nicht anders kannst, um zu überleben – oder weil du etwas lernst, weil du es unbedingt willst. Wenn du für die Lösung brennst. Letzteres ist ein Segen. Auf deine eigene Stimme, dein Herz zu hören und deine Leidenschaft zur Entfaltung zu bringen ist etwas, was sich nur wenige trauen. Das ist der Grund, warum nur wenige wirklich erfolgreich sind mit dem, was sie bewegt – oder im wahrsten Sinne des Wortes: nicht bewegt.

Gerade im Krankenhaus oder in Therapie-einrichtungen war es oft sehr schwierig, sich mit den richtigen Menschen zu umgeben, ein positives Umfeld oder ein positives Gesprächsthema zu finden, ja, zu schaffen. Dann musst du die richtige Geisteshaltung haben, um dich damit zu beschäftigen, was du sein willst – und nicht damit, was dich gerade davon abhält oder womöglich, was dich zurückhält. Manchmal bedeutet das, allein auf weiter Flur mit dieser Entscheidung zu sein, aber auch, als Einziger da wieder rauszukommen. Das ist leider so. Auch wenn man in dieser Situation gerne und viel helfen möchte, kann in bestimmten Situationen doch jeder nur sich selbst helfen. Vorbild sein hilft, andere an ihren Füßen ins Glück ziehen wollen, hilft nicht. Vorleben und vormachen und nicht zu etwas zwingen. DAS hilft und bewegt.

Mit dem Ausmaß und der Einstellung war es immer so, dass, gerade wenn ich mir Sorgen gemacht habe, ich mir ein Problem selbst produziert habe, mir gar nicht über die Auswirkungen und das Ausmaß im Klaren war. Du musst dir immer bewusst darüber sein, dass dein ganzes Tun und Denken Auswirkungen hat. Sowohl im positiven als auch im negativen Sinne. Das hat man bei mir gerade in der Depression oder in der Manie ganz extrem gemerkt.

Wenn man das im gesunden Zustand kontrollieren kann, dann bedeutet das sehr viel.

Gerade in meiner Krankheitsphase war mir bewusst, dass jeder meiner Schritte der Letzte sein könnte und für manche Begebenheiten, wie Beziehungen, auch der Letzte war. Und wenn du dir bewusst machst, dass jeder Schritt der Letzte sein kann, dann wirst du auch handeln, als sei der nächste Schritt der Wichtigste.

Das war entscheidend, weil ich mir bewusst gemacht habe, dass es von Bedeutung ist, was ich gerade mache. Es ist zwar „nur" meine Welt, die ich da verändere, **aber ich verändere sie, die Welt.**

In dem Moment, wo du weißt, dass jeder Schritt der Letzte sein kann, wirst du keinen Quatsch machen und nicht die nächsten zehn Chancen verstreichen lassen, sondern du wirst versuchen, jede Chance zu nutzen. Jede – und mit allen legitimen Mitteln.

Dein Wert sinkt sehr stark, zumindest gefühlt, wenn du über 6 bis 12 Monate im Krankenhaus bist. Wenn du im Krankenhaus bist, musst du deine eigene Einstellung Tag und Nacht unter Kontrolle haben. Das gelang mir sehr selten. Jedoch mit den Jahren immer besser. Du musst durch Lesen und durch die unterschiedlichen Übungen wieder die Fähigkeit erlangen, dass du wieder in der Lage bist, dich wertvoll zu fühlen, obwohl du in einem schädlichen Umfeld bist. Ja, obwohl du manchmal deinen Körper am liebsten wegwerfen würdest. Ganz zu schweigen von deiner Psyche. Irgendwann kommt allerdings der Punkt, an dem du erst aus Trotz und dann aus dem zaghaften Versuch von Hoffnung beginnst,

„JA!" zu dir zu sagen.

Wenn du im Krankenhaus in der Lage bist, dich selbst zu lieben, wirst du auch in der Lage sein, in der Fülle die Liebe auszukosten. D. h. wenn du in so einem Moment, in dem es dir nicht gut geht, dazu in der Lage bist, dich selbst zu lieben, dann wird es dir in Momenten des Reichtums, der Fülle, der Zuwendung noch leichter fallen, dich selbst zu lieben. Wenn du in schweren Situationen dazu in der Lage bist, dich zu lieben oder zumindest nicht sofort vernichten zu wollen, also dich erst einmal zu dulden und später zu akzeptieren, dann wird es dir auf Dauer auch gelingen.

Dass ich dazu in der Lage war, hat mir sehr viel bedeutet.

Du musst alles in deinem (Krankenhaus)Alltag reflektieren. Wenn kranke Menschen um dich herum sind und diese dann auch sehr negativ aus ihrer Ebene oder Verfassung reagieren, solltest du in der Lage sein, es nicht auf dich zu beziehen. Du solltest in der Lage sein, gesund zu reagieren oder aber gar nicht zu reagieren. Manchmal ist es das beste Argument sowie das Gesündeste, KEIN Argument vorzubringen. Das war für mich jeden Tag aufs Neue eine Übung. Sich weder in der Hilfe in Bezug auf andere noch im Selbstmitleid zu verirren, ist eine Meisterschaft, in der ich früher sehr, sehr oft versagt habe.

Warum machst du das alles eigentlich?

Du brauchst sowohl im wahren Leben als auch im Krankenhausleben ein WARUM. Viele Menschen habe ich getroffen, die das für ihre Söhne, für ihre Töchter gemacht haben, viele für ihren Partner, viele aber auch für einen höheren Zweck. Wenn du ein WARUM hast, einen Glauben, wenn du an Gott glaubst oder wenn du etwas für dein Kind tust, dann bist du eher in der Lage, Dinge auszuhalten, Dinge zu meistern oder durch Situationen hindurch- zugehen, als wenn du es nur tust, weil es von dir verlangt wird. Gründe helfen dem Menschen, entweder für etwas zu kämpfen oder etwas als unveränderbare Tatsache hinzunehmen.

Die Bereitschaft zur Hingabe war für mich in dem Sinne eine große Unterstützung, als mein Bruder fünf Jahre von mir getrennt war oder auch im Krankenhaus, wenn etwas Übermenschliches von mir verlangt wurde. Dann habe ich mich dazu entschlossen, es um des Ergebnisses willen zu tun. Wenn du dich dann voll und ganz der Aufgabe hingibst, der Tatsache hingibst, dass du deinen Bruder lebend wiedersehen möchtest oder dich der Tatsache hingibst, dass du irgendwann gesund und fähig deinen Schulabschluss nachmachen möchtest, dann fällt dir die Aufgabe auf dem Weg zum Ziel wesentlich leichter. Das bedeutet natürlich nicht, dass die Aufgabe zu irgendeinem Zeitpunkt leicht ist, aber sie wird erträglicher. Das ist eine große Stütze. Der Mut, die Motivation wird dir nicht ausgehen, wenn dein „Warum" groß genug ist. Es wird dich sogar sehr wahrscheinlich an einem Sonntagmorgen wecken und begeistert fragen:

„Können wir jetzt endlich loslegen?"

Prioritäten waren z. B. dann für mich wichtig, wenn es darum ging, eine alltägliche Entscheidung zu treffen. Biege ich an der nächsten Lebenskreuzung lieber links oder lieber rechts ab? Behalte ich doch lieber die Spur bei? Bleibe ich auf der Autobahn ganz links, nur um dann am Ende die richtige Ausfahrt zu verpassen?

Wenn du dabei bist, ein Ziel zu verfolgen, dann brauchst du Zwischenschritte. Diese Zwischen-schritte kannst du dir nur bewusst machen, wenn du weißt, was dir wichtig ist. Wertvorstellungen und Prioritäten müssen dir klar sein. Wenn du in deinem Leben nicht weißt, was du willst, wenn du dir darüber nicht im Klaren bist, was du werden, haben oder sein möchtest, dann bringt es auch nichts, Vollgas zu geben. Das kannst du nur mit Wertvorstellungen und Prioritäten sowie einem Ziel am Horizont, einem Traum, der dich, Tag für Tag, fokussiert arbeiten lässt.

Mich selbst führen, das musste ich jeden Tag, jede Sekunde. Jede Sekunde musste ich selbst für mich da sein. Mich selbst reflektieren. Mich selbst auseinandernehmen und korrekt zusammen- setzen. Als Mensch mit dieser Erkrankung ist das wie folgt:

„Du musst in der Lage sein, einen Kampfjet mit zu wenig Sprit noch rechtzeitig durch einen viel befahrenen Tunnel zu fliegen, ohne damit irgendwie die Decke zu touchieren oder andere Verkehrsteilnehmer bei ihrer täglichen Routine oder im gewohnten Rahmen zu stören."

Das ist durchaus eine Herausforderung. Ich musste kritikfähig sein. Ganz viele Menschen haben im Krankenhaus auf mich eingewirkt, haben mir gesagt, was falsch ist, gezeigt, was falsch ist und wie es richtig geht, wie es sein muss, damit es keinen Schaden verursacht. In solchen Momenten musst du Demut lernen und ohne Ego sein, damit du in der Lage bist, die Fakten zu sehen, entsprechend zu handeln und nicht die Probleme, die es dir macht, wenn dein Ego gekränkt ist.

Ich habe jeden Tag, jede Sekunde gelernt. Mit jedem Tag, jeder Herausforderung, mit jeder Aufgabe, die ich bewältigen musste, habe ich gelernt. Das Entscheidende war bei mir, dass ich nicht für ein Zertifikat gelernt habe und auch nicht für die Anerkennung von außen, sondern ich habe gelernt, um weiterzukommen, in erster Linie aber, um zu überleben. Mit der Hoffnung auf ein besseres Leben. Vielleicht hat es mir auch geholfen, dass ich keine andere Wahl hatte. Mir blieb nur der Erfolg.

Jedes Mal, wenn ich im Krankenhaus oder im Alltag einem Menschen weiterhelfen konnte, indem ich ein Vorbild war, jedes Mal, wenn ich jemandem ein positives Feedback geben oder eine Inspiration sein konnte, jedes Mal wenn ich selbst positive Schritte gemacht habe, war es für mich pures, reines, erfahrbares Glück. Das Geben an sich war für mich von sehr großer Bedeutung. Nicht nur, weil ich immer und zu jeder Zeit in der Lage war zu geben, sondern auch, weil mir an jedem Tag meines Lebens, in Hülle und Fülle, mit vollen Händen, als Ausdruck von Liebe, gegeben wurde und weiterhin gegeben wird, wofür ich in jedem Gebet, von Neuem, zutiefst dankbar bin ...

Das waren die Punkte bezogen auf den ersten Teil, die mich zum Erfolg geführt haben.

Ende des 2. Teils

Liebeserklärung an das Leben, an dich ...

Wenn du das hier liest, kann es passieren, dass dich das Buch berührt hat. Vielleicht, weil du weinen musstest. Wegen meiner Geschichte? Nein, gewiss nicht. Weil du da etwas witterst. Gnade? Ja vielleicht, aber auch Hoffnung. Hoffnung im Herzen und Hoffnung, entstehend in deinem Herzen. Hoffnung, Halt und Liebe für dich, aber in erster Linie für andere. Für deinen Partner, deine Kinder und deine Kollegen. Kraft, Güte und Anerkennung. Durch deine Gedanken, die daraus entstehenden Worte und letzten Endes durch deine gottgewollten Taten. Nur du bist in der Lage, dieses Leben zu leben. Dein Leben zu leben. Zu gestalten, in vollen Zügen zu genießen und voller Inbrunst alles zu teilen, was gut, richtig und lebensbejahend ist. Liebe verschafft sich Ausdruck durch dich. Durch dein Lächeln, deinen Gang, ja, durch dein vollkommen gemeintes Sein. Es kostet dich Mut, Durchhaltevermögen und auch ein Stück von dem, was du vielleicht ursprünglich wolltest, nach dem du dich ursprünglich ausgestreckt hast, aber was auf dich wartet, ist mit meinen Worten, mit unseren Worten nicht zu beschreiben. Das Lächeln deines Kindes, die Freudentränen deiner Frau/deines Mannes oder auch einfach ein Erfolg, mit dem DU zeit deines Lebens nicht gerechnet hast. Wie dies alles zustande kommt? Ich weiß es nicht ...

Aber ich weiß, wie das alles ganz sicher niemals zustande kommen wird. Wenn du jetzt aufgibst. Wenn du jetzt aufgibst, werden dich all diese Freuden des Lebens niemals erwarten, niemals erreichen. Das Einzige, was du jetzt tun MUSST ist, dieser Stimme, die da in deinem Kopf das Handtuch schmeißen will, zu sagen, dass SIE gehen kann. Dass DU da draußen noch gebraucht wirst. Von deinen Kindern, von deinem Partner oder von den anderen Stimmen in deinem Herzen, die sich nach Verwirklichung sehnen. Die sich danach sehnen zu wachsen, zu gedeihen, geliebt und beschützt zu werden. Dann ... Wenn es dunkel wird. Dunkel um sie herum. Dann ... Wenn sie niemand

zu lieben scheint. Wenn sie am meisten gebraucht werden. Dann, wenn niemand an sie zu glauben scheint.
Von DIR! Wir brauchen dich ...
Damit du ihnen eine Stimme verleihst. Damit sie spielen, springen und atmen können.
Wir brauchen dich!
Jedes Mal, wenn dir eine Träne durch das Gesicht läuft, aber auch, wenn du schon nicht mehr weinen kannst. Genau dann beweist du, dass wir auf dich zählen können. Dass du noch nicht erfroren bist in der Hitze des Alltags.
Danke, dass du bis hierhin gelesen hast.

Ich. Glaube. An. Dich. Dein Freund, Mirco Wörmke.

Ist es nicht verblüffend, wie du dich fühlst, wenn du dich neu verliebt hast? Alles scheint perfekt, alles scheint vollkommen. Und so sollte es sein, in deiner Realität, wenn du dich in dich neu verliebst, wenn du die Einzigartigkeit deiner wundervollen Person erkennst.

Die Machbarkeit des Unmöglichen

In deinem Leben werden dir die Menschen, deine Familie, deine Freunde und Gegner erzählen, dass Du das NICHT kannst. Dass das, was du vorhast, NICHT möglich, nicht machbar ist. Ich sage dir nun etwas. Ich verrate dir nun mein Geheimnis:

„Es heißt ausschließlich, dass SIE es sich in diesem Augenblick nicht zutrauen, es sich nicht vorstellen können!"

Das heißt nicht, dass ein Gedanke, erst einmal gedacht und formuliert, nicht umsetzbar ist. Er ist nämlich genau das. Ein Gedanke ist die Saat allen Werdens. Es bedeutet erschaffen. Es bedeutet kreieren, es bedeutet: „Zum Leben erwecken ..." Jedes

Mal, wenn du dir deinen Traum vor Augen hältst, jedes Mal, wenn DU DIR SAGST: „Ich mache das, koste es, was es wolle und wer auch immer mich davon abhalten mag!" bedeutet das, dass du glaubst. Es bedeutet, dass du erschaffst. Es bedeutet, dass du weißt, BEVOR du sehen kannst. Es bedeutet, dass du weißt, dass du entweder umsetzt, verwirklichst oder stirbst. An jedem Tag, an dem du glaubst, dass es möglich ist, wird es auch speziell für DICH möglich sein. Warum dir andere erzählen, dass etwas nicht möglich ist oder dass etwas nicht umsetzbar ist? Weil sie Angst haben, dass es theoretisch auch für sie möglich wäre, wenn du es ihnen vormachst. Dann läge es an ihnen, wenn es unmöglich bleibt. Dann läge es in ihrer Verantwortung, wenn sie es nicht ermöglichen können, weil DU bewiesen hast, DASS es für einen Menschen möglich ist. Ich sage dir noch etwas sehr Wichtiges: Dein Traum ist möglich. Allein, dass du geboren wurdest, ist ein Wunder. Dass du auf dieser Welt deinen einzigartigen Platz gefunden hast, ist ein Wunder. Los … Glaube an dich. Gehe da raus und kreiere. Erschaffe, forme und höre nicht auf, bevor du nicht deinen Traum verwirklichst, bevor du diese Welt nicht zu einem schöneren und besseren Ort gemacht hast. Wir haben nur diese eine Welt. Wir können uns darauf konzentrieren, unter widrigen Umständen auf einem fremden Planeten eine neue Zivilisation zu gründen oder Müll auch einmal wieder mit nach Hause nehmen, nicht so viel Verpackungsmüll verbrauchen oder gar den Apfel vom Bauern aus dem Dorf kaufen, dazu noch gleich die hauseigene Marmelade von Oma, und wir sind der „neuen Zivilisation" näher, als wir glauben.

Dein Traum

Warum sage ich das? Warum spreche ich das überhaupt an? Dein Traum bedeutet in deinem Leben alles. Dein Traum gibt dir in deinem Leben alles. Wenn du die Möglichkeit hast, deinen Traum zu verwirklichen, wenn du überhaupt Möglichkeiten in deinem Leben hast, ist es ganz entscheidend, dass du es auch tust. Du musst es machen. Egal wie riskant das Unterfangen ist oder wie unwahrscheinlich das Gelingen ist. Dass du morgens aufstehst, deinen Traum in deinen Gedanken visualisierst, erfahrbar machst, greifbar machst, indem du deine Ziele und Träume aufschreibst und dass du dich dazu verpflichtest, ihnen nachzugehen. Ihnen einen Sinn zu geben, ihnen Leben zu geben in deinem Leben. Dein Traum ist nicht einfach nur dahergesagt. Dein Traum ist nicht einfach nur ein „Es wäre schön, aber ..." Es geht nicht um einen Traum, von dem wir träumen, wenn wir nachts schlafen. Es geht um einen Traum, der uns so motiviert, so in Ekstase versetzt, dass wir etwas haben, wofür es sich lohnt zu leben. Gehe deinem Traum nach, wenn es dir schlecht geht, wenn du frustriert bist. Wenn du Ängste hast, wenn du Zweifel hast, dann hast du meistens keinen Traum. Dann hast du oftmals nichts, was dein Herz höher schlagen lässt. Was dein Herz überhaupt zum Schlagen bringt. Dann hast du meistens nichts, wobei du dir sagen könntest: „Dafür lohnt es sich zu leben! Dafür gehe ich durch die ... und sehe mich notfalls dem Scheitern gegenüber! Dann kannst du dir allerdings sagen: Ich habe das Mögliche aus meinem Leben herausgeholt. Aber erst einmal kannst du dir sagen: Dafür möchte ich leben, und dafür bin ich auch bereit, alles zu setzen, dafür bin ich bereit, alles in die Waagschale zu werfen, dafür bin ich bereit, Risiken einzugehen!"

Wenn du einen Traum hast, dann ist das so, dass du morgens total motiviert aufwachst, bis in die Haarspitzen voller Energie bist, sodass du dir sagst: „So, wir haben es jetzt 5.00 Uhr morgens. Das ist für mich gar kein Problem: Ich springe unter die Dusche. Ich mache das. Ich lese jetzt noch eine Stunde, bevor ich meine Termine wahrnehme. Ich mache jetzt meine TO-DO-Liste. Ich mache jetzt das, was von gestern liegen geblieben ist, ich mache jetzt das, was ich brauche, um voranzukommen." Nichts bringt dich weiter, was nicht unmittelbar von dir ausgeführt oder von dir delegiert wird. Wenn du ins Handeln kommst, werden auch die richtigen Leute um dich herum ins Handeln kommen. Die Falschen werden sich verabschieden und sie werden sich beschweren. Hater bringen dich weiter. Sie bringen dir letzten Endes ebenfalls Aufmerksamkeit. Dann ist das das, wozu dich dein Traum sozusagen befähigt, was dein Traum dir ermöglicht. Er stößt dir Türen auf und stößt Menschen aus deinem Leben, von denen du es nicht erwartet hättest.

Wenn du morgens aufwachst, Ängste und Zweifel hast, nicht weißt, ob du überhaupt aufstehen sollst, dann ist das so, weil du keinen Traum hast. Du brauchst morgens etwas, was dich um 5.00 Uhr weckt: Du brauchst etwas, was dich um 5.00 Uhr morgens in Ekstase versetzt. Du brauchst etwas, was dich unter die Dusche springen lässt, weil du es kaum erwarten kannst, damit zu beginnen. Dir muss der Atem stocken, weil dir dein Herz bis zum Hals schlägt.

Es muss nicht unbedingt bedeuten, dass du etwas in Aussicht hast, was sich garantiert verwirklicht. Das muss es gar nicht heißen. Es muss etwas sein, was dir Kraft gibt. Was dir Energie gibt und was dich deine Zeit sinnvoll gestalten lässt. Was dir das Gefühl gibt, dass du effizient unterwegs bist. Dass du etwas produzierst oder jemanden weiterbringst. Produzieren bedeutet nicht, dass du Excuses produzierst. Es bedeutet also nicht: „Entschuldigung, ich kann nicht, WEIL! Ich kann nicht WEGEN!" Wenn du nämlich diese Möglichkeiten hast, dass du morgens aufstehst und voller Begeisterung den Tag beginnst und schon gleich am Morgen deine Ziele, deine Möglichkeiten, deine Glaubenssätze aufschreibst, das, was du haben, sein und können willst, DANN ist das ein Tagesbeginn, der dich den Rest des Tages positiv, zielorientiert und fokussiert gestalten lässt. Er beeinflusst dich und deine Art, dein Leben zu gestalten, deine Art zu arbeiten.

Ich finde es sehr wichtig, dass dir deutlich wird, was der Tagesanfang für eine Bedeutung hat. Und vor allem, was dein Traum für eine Bedeutung hat. Was dein Ziel für eine Bedeutung hat. Wenn du in der Gegenwartsform jeden Tag deine Ziele morgens aufschreibst, dann entwickelt sich eine Eigendynamik, eine Gewohnheit. Diese Eigendynamik befähigt dich dazu, die Schritte zu tun, die es bedarf, um die Ziele zu erreichen.

Das, was ich gerade geschrieben habe, ist ganz, ganz wichtig. Hast du nämlich noch nicht die Fähigkeiten, deine Ziele zu erreichen, brauchst du zumindest den Glauben, dass du deine Ziele erreichen kannst. Den Glauben entwickelst du durch die Kontinuität, die sich durch das herauskristallisiert, was du Tag für Tag tust. Die Kontinuität (die Basisarbeit, welche ich in Punkt 6 dieses Buches erläutert habe), die du jeden Tag aufbringst, das ist das, was die Ziele Wirklichkeit werden lässt. Du musst schon beinahe traurig sein, wenn du ins Bett gehst, weil du, während du schläfst, leider nicht die Möglichkeit hast, aktiv an deinem Traum zu arbeiten. Viele Menschen, die Traumlosen sozusagen, empfinden eine Erleichterung, wenn sie schlafen gehen dürfen, weil sie dann nicht mehr weiter aktiv existieren müssen für die nächsten 8 Stunden.

Du musst am Anfang nicht wissen, wie du sie erreichst. Du musst auch am Anfang nicht wissen, ob du sie überhaupt erreichst. Du musst am Anfang nur wissen, dass du alles, was nötig ist, dafür tust, dass du dich also verpflichtest. Dass du auf jeden Fall den Weg gehst. Dass du diese Extrameile gehst, wenn der Kühlschrank auch einmal leer sein sollte. Jedes einzelne Mal. Dazu musst du dich verpflichten. Du musst dich dazu verpflichten, deinen Traum, dein Ziel zu erreichen. Ihn als oberste Priorität zu setzen. Ob du es dann wirklich erreichst oder nicht, spielt überhaupt keine Rolle. Du verpflichtest dich dazu, deinen Traum, dein Ziel zu erreichen – oder aber auf dem Weg zu deinem Traum zu sterben. Mit einem guten Gewissen und einem für dich reinen Herzen.

Das klingt total dramatisch. Ist es auch. Aber anders geht es nicht. Wenn du dir nämlich einbildest, „ein bisschen mach ich hier, ein bisschen mache ich da" würde ausreichen, dann kommt letzten Endes nichts dabei heraus. Wenn du dir einbildest, dass ein bisschen Machen genügt, dass das ausreicht, um deine Träume, deine Ziele zu erreichen, dann wirst du sehr schnell feststellen, dass du gar nichts in deinem Leben erreichst, dass du unten bleibst. Du wirst feststellen, dass du gerade so viel hast, dass es zum Überleben reicht. Du wirst feststellen, dass du vielleicht irgendwann einmal eine Wohnung hast, dass du vielleicht auch ein Kind zeugst, aber nicht für es sorgen kannst. Aber letzten Endes erreichst du nichts zusätzlich für dich in deinem Leben, weil du keine großen, „abnormalen" Träume und keine weiteren Ziele verfolgt hast. Weil DU dich nicht verwirklicht und nicht groß gedacht hast. Du hast in deiner Komfortzone gelebt. Ich nenne diese Zone „Die Zone des Vergessens", weil all diejenigen, die in dieser Zone leben, nach ihrem Ableben schlichtweg gar nicht oder nur kurz erinnert und dann einfach vergessen werden.

Es geht in meinem Leben, es geht bei mir um das Thema „groß denken". Wenn du nur „sicher leben" willst, wobei sicher leben eine Illusion ist, dann ist das zu klein gedacht. Wenn du „über die Runden kommen willst", erst recht.

Du musst deine Ziele mal 10, mal 100, mal 1.000 nehmen, um dann, koste es, was es wolle, daraufhin zusteuern. Mit voller Kraft. Segeln, wie auch immer die Winde in deinem Leben stehen. Tag und Nacht, ohne jegliche Kompromisse einzugehen. Es geht nicht, dass du dir sagst, das Mittelmaß reicht, dass du Durchschnitt sein möchtest. Nicht auffallen auf dem Weg in die Rente, die niemand in meiner Altersklasse beziehen wird, nicht pleitegehen auf dem Weg nach unten. Das ist für mich totaler Quatsch, denn das wird dich niemals glücklich machen. Es wird dich bestenfalls von der Obdachlosigkeit fernhalten. Das ist meine Sicht, ich respektiere deine. Ich habe allerdings eine bipolare Störung und werde in der Gesellschaft nicht akzeptiert und respektiert. Der einzige Weg für mich, am Suizid, am Strick vorbei, ist es, zu kontrollieren, zu dominieren, zu beherrschen. Seine Aufgaben, seine Herausforderungen und in erster Linie: sich selbst.

Es wird dich nicht erfüllen. Es wird dir keine Kraft geben. Es wird dir keine Energie geben, es wird dir keine Hoffnung geben. Es wird dir keine Zuversicht geben. Es wird nicht das freisetzen, was in dir ist. Einen Traum zu haben, kann übrigens auch bedeuten, eigenes Gemüse anzubauen und sich davon zu ernähren. Erfolg definierst du selbst und die Art und Weise, wie dein Traum auszusehen hat und was er dir bedeutet, beanspruchst du ebenfalls für dich. Das ist das Schöne! Der Weg zum Erfolg kann dir Stress bereiten, wenn du ihn falsch wählst, und er kann die reinste Auftanktour werden, wenn du ihn weise wählst. Wähle weise, womit du dein Leben verbringst, aber tue mir einen Gefallen:
„Wisse, was du willst und … was nicht."

Dein Potenzial

Wenn du dein Potenzial entwickeln und freisetzen willst, dann musst du groß denken. Du musst kräftig auf die Kacke hauen. Dann musst du Träume und Ziele haben. Wenn du diese Träume und Ziele hast, dann musst du dir sagen: „Ich setze jetzt alles auf eine Karte, oder ich sterbe, und ich sterbe gerne für meinen Traum. Ich gehe gerne drauf für meinen Traum." Das musst du dir sagen, denn erst dann ist die Dringlichkeit gegeben, dass du das Ziel, den Traum auch erreichst. Wenn du die Dringlichkeit, die Notwendigkeit nicht entstehen lässt, dass du deinen Traum, dein Ziel erreichen möchtest, dann wirst du kaum etwas erreichen in deinem Leben. Du wirst am Hungertuch nagen, und es wird dir nicht schmecken, befürchte ich. Du wirst aber keine Bedeutung haben für andere, die weiterkommen wollen auf diesem Planeten. Das muss dir bewusst sein: Das muss dir klar sein, dass du, wenn du etwas erreichen möchtest, einen

Traum haben musst, der dich morgens elektrisiert, der deinen Herzschlag auf 164 pusht und nicht einfach nur beatmet und dein Gehirn mit Sauerstoff versorgt.

Das ist das Erste. Der Traum muss so groß sein, dass er dich in Ekstase versetzt. Dich glücklich macht. Der Weg dorthin muss dich glücklich und zufrieden machen. Das wird er, wenn du dir ein gutes, ein motivierendes Ziel aussuchst. Das Gute ist: „Ist das Ziel groß und für dich richtig, motiviert es dich. Und motiviert es dich, macht dich der Weg zum Ziel glücklich." Da beißt sich die Katze glücklicherweise in den Schwanz.

Der Gedanke

... bewusst eingesetzt. Der Gedanke zielorientiert eingesetzt. Das ist für mich entscheidend, weil du ja im Prinzip etwas entwickelst, was eine Waffe ist. Du kannst einen Gedanken einsetzen und damit Menschenleben und Länder zerstören. Oder du kannst damit 5 Millionen, 10 Millionen oder noch mehr Menschenleben retten. Du kannst innovative Entwicklungen auf den Weg bringen und Krebs heilen. Es kommt auf dich an. Es kommt auf deine Gedanken an, wie du diese einsetzt, wie du sie entwickelst. Es kommt auf niemanden sonst an. Es kommt nicht auf deinen schlecht gelaunten Nachbarn, auf Menschen, die dich umgeben, manchmal sogar belästigen, an. Die sind alle in diesem Augenblick uninteressant, für dein Ziel irrelevant.

Es bringt dir nichts, wenn du auf die Hilfe anderer hoffst. Es wird dir niemand helfen. Deine Gedanken sind die Einzigen, die zählen. Sie gestalten dein Mindset, deine Geisteshaltung. Mit deinen Gedanken entwickelst du nicht nur deine Worte und Taten ... Du entwickelst auch, was du anziehst, was Menschen in deiner Gegenwart tun, wie sie reagieren, was sie sagen oder aber auch entstehen lassen. Die Menschen in deiner Umgebung reagieren auf dich und deine Gedanken. Jeder Gedanke in deinem Gehirn entsteht, um die Welt entweder zum Einsturz zu bringen oder um sie für immer zum Positiven zu verändern. Um sie vielleicht sogar wiederherzustellen (deine Welt). Wenn du etwas Positives, etwas Zielorientiertes sagst, etwas, was dich weiterbringt, was die Menschen weiterbringt, was die Menschen in deiner Umgebung weiterbringt, dann werden dir die Menschen auf deinem Weg helfen. Sie werden dir auf deinem Weg zu deinem Ziel eine Stütze sein. Bewusst oder unbewusst. Gelder und Mittel werden dir zufließen, mit denen du vor deinen Bemühungen nicht gerechnet hast. Natürlich gibt es Menschen, die sich nicht verbessern wollen, die nichts aus sich machen. Sie werden dann auf der Strecke bleiben. Aber letzten Endes bringt es sie und auch dich nicht weiter, wenn du dich mit diesen Menschen beschäftigst. Manche Menschen müssen etwas zu meckern oder zu lästern haben, meist über Produktive, um leben zu können. Ihr Lebenselixier ist das mutwillige Zersetzen der Erfolge anderer. Es ist entscheidend, dass du an dich denkst, dass du weiterhin an deinen Gedanken festhältst, die zielorientiert und fokussiert sind. Wenn du deinen Traum verwirklichen willst, an deinem Traum festhältst, dann müssen deine Gedanken zu 100% zielorientiert und fokussiert sein. Diese müssen dich zu 100% mit einer positiven Geisteshaltung weiterbringen. Es bringt dich überhaupt nicht weiter, wenn du über Sorgen, über Ängste oder Wut sprichst. Es bringt dich keinen Schritt weiter. Das wird dich nicht dahin bringen, wo du hin möchtest. Es wird immer Menschen in Cafés geben, die über das reden, was ihnen wehtut, was schlecht ist, was doof ist, was schlimm ist, was anders oder neu ist. Diese Menschen werden niemals in ihrem Leben etwas erreichen oder haben nichts erreicht, sonst würden sie verstehen, dass Innovation und Veränderung das Einzige ist, was sie vom aktiven Sterbeprozess zumindest ablenkt. Sie werden eines Tages sterben, ohne dass sich ein Mensch an sie, an ihre nicht durchgeführten Pläne und unvollendeten Taten erinnern wird. Diese Menschen haben keine Auswirkung auf die, die da kommen, auf ihre Kinder oder jüngeren Bekannten oder Verwandte. Ihr Sagen und ihr Tun hat keinen Nährwert. Es bringt niemanden weiter. Es verpufft ganz einfach. Im Höchstfall steht ihr Ableben in der Tageszeitung, aber das war es auch schon.

Das ist das Ausschlaggebende. Alles muss dich in deinem Leben weiterbringen. Deine Gedanken, deine Worte, deine Taten. Die Menschen, in die du deine Zeit investierst. Wenn dies nicht so ist, war alles Zeitverschwendung. War dein Leben Energieverschwendung. Dann haben sich deine Zellen entwickelt, das war es dann aber auch. Wenn du große Ziele, große Träume hast, wirst du automatisch groß denken, zielorientiert denken. Du wirst entsprechende Umstände und Menschen in dein Leben ziehen. Du wirst deine Zeit effektiver nutzen als andere, denn nur dann ist deine Zeit wertvoll für dein Ziel genutzt. Wie viele Menschen verschwenden ihre Zeit, um Geld zu sparen. Geld ist nicht so wertvoll wie die eigene Lebenszeit. Zeit ist der einzige Vermögenswert im Leben, den wir haben. Wir wissen nicht, wie viel wir davon besitzen, und er wird stetig weniger. Er rinnt uns förmlich durch die Hände, während wir versuchen, uns andere Vermögenswerte zu schaffen, wie ein Haus etc., die sich allerdings sehr bald als Verbindlichkeit entpuppen. Dazu gibt es ein geniales Buch von Robert T. Kiyosaki, welches RICH DAD – POOR DAD heißt. Es gibt Menschen, die vertrödeln ihre ganze Zeit. Das dürfen sie auch gerne, aber sie sollen mich in Ruhe lassen, und sie dürfen sich dann auch nicht beschweren. Jeder von uns, ob ein Bill Gates (Mitbegründer von Microsoft und vielfacher Milliardär) oder ein Jack Ma (Gründer und CEO von Alibaba), hat die gleichen 24 Stunden in seinem Tag.

Fakt ist, dass deine Träume, deine Ziele, deine Gedanken fokussiert sein müssen. Wie ein Laser, der das Sonnenlicht bündelt, musst du deine Gedanken, deine Träume fokussieren und zielorientiert ausrichten. Du solltest sie wie einen Schatz behandeln, denn nichts anderes sind sie.

Du wirst niemandem damit helfen, indem du ihm zuhörst, wenn er über seine Probleme redet. Unter der Betrachtung der benannten Fakten bringt es Euch NICHT näher an das erwünschte Ziel. Du wirst niemandem damit helfen, indem du über deine Probleme redest, und du wirst auch niemandem damit helfen, wenn du dich auf seine Stufe herab zu seinen Sorgen, seinen Ängsten und seinen Problemen lässt. Wenn es um aktive Beziehungspflege geht, ist das völlig in Ordnung, dass die intakte Beziehung und damit relevante Harmonie zur Verfolgung des gemeinsamen Zieles beiträgt, aber niemals, um sich das eigene Mindset zu zerfleischen. Umgib dich nur mit den Menschen, die dir guttun, die dir weiterhelfen, die in ihrem Leben etwas Konstruktives produzieren wollen und werden. Sich mit den richtigen Menschen zu umgeben, kann beziehungsweise muss manchmal bedeuten, Menschen mit ins Boot zu holen, die die- selben Absichten haben, auch wenn sie einem erst einmal nicht sehr sympathisch sind. Das ist es, was ich in diesem Buch versucht hatte, mit dem Thema „faktenorientiertes Handeln" zu erläutern. Es gibt so viele Menschen, die leben, weil sie leben, des Existierens willen. Das bringt niemanden weiter. Deshalb sage ich immer, dass die Gedanken bewusst eingesetzt werden müssen, zielorientiert eingesetzt werden müssen. Ich gebrauche das Wort „müssen" in meinen Vorträgen und Büchern gezielt, da es ja blanker Wahnsinn wäre, jemandem, der Erfolg haben will, zu sagen, dass er Erfolg haben DARF, wenn er es sich vorstellen KÖNNTE. Wenn du z. B. den Traum hast, dass du 100 Millionen Euro an privatem Vermögen haben möchtest, überlegst du, wie du das machen könntest. Bestimmt nicht so, dass du dir Sorgen darüber machst, dass du Angst davor hast, wie du deine Rechnungen bezahlen kannst.

Wenn du dir Gedanken darüber machst, dass ein Steak für 25 Euro zu teuer ist, dann wirst du niemals mehr als 100.000 Euro im Jahr verdienen. Wenn du denkst, dass 25 Euro für ein Steak teuer sind, dann wirst du dir niemals ein Auto für 100.000 Euro leisten können, leisten wollen. Es wäre außerhalb deiner Komfortzone, und was wir in dieser erreichen in unserem Leben, wissen wir ja bereits. Denn wer sollte dir dieses Geld zur Verfügung stellen, wenn du keine 25 Euro für ein Steak aufbringen kannst? 25 Euro sind lächerlich im Vergleich zu dem, was du dir erhoffst und was deine Träume und deine Taten und was deine Ziele sind. Entscheidend ist, wie du dich fühlst, wenn du dir in dieser Sekunde sagst: „Ich kann mir das nicht leisten!" Was zieht das in deinem Leben wohl nach sich? Wenn du 100 Millionen Euro verdienen willst, dann bringt es dir nichts, wenn du dir sagst, dass 25 Euro zu teuer sind.

Du musst den Menschen auf der Straße ihren Reichtum, ihren Luxus gönnen. Du solltest dich sogar explizit für sie freuen! Sprech sie an und sage ihnen, wie toll du ihren Wohlstand findest. Du musst jedem Menschen den Reichtum, den Luxus und die Zuversicht gönnen können. Du musst diese Freude fühlen können. Oder wie sollen sich sonst Menschen für dich freuen, wenn du das Laufrad deines Kindes aus deinem Porsche Cayenne holst?

Niemand wird dir zu deinem Reichtum verhelfen oder dir dein Glück gönnen, wenn du demjenigen nicht seinen Reichtum gönnst.

Du musst den Reichtum, den Luxus, die Zufriedenheit, die Fähigkeit, die Freiheit ja anziehen. Du kannst nicht sagen, dass du dir etwas nicht zutraust, nicht zumutest oder nicht haben willst, weil du etwas nicht kannst oder nicht willst, nicht bist oder aber es nicht verdient hast. Du musst dir im Gegenteil sagen: „Ja, ich verdiene das, ich will das, ich kann das. Ich habe das verdient, mit jeder Faser meines Körpers." Du musst ausstrahlen, dass du dir das alles verdient hast und dass du dir das auch glaubst! Dass du es weißt.

Alles ist Energie und miteinander verbunden.

Wenn du einmal darauf achtest, wie Menschen reagieren, mit ihren Kindern umgehen, weil du ihnen ein Kompliment gemacht hast. Du kannst eine Kette an Gefühlen lostreten. Dazu habe ich mich schon einmal in meinem Buch geäußert.

Ein Beispiel: Wenn du morgens mit der Briefträgerin freundlich sprichst und ihr damit ein gutes Gefühl gibst, sie dann gut gelaunt und optimistisch weiterfährt, weil du ihr ein Lächeln ins Gesicht gezaubert hast, dann wird sie es weitertragen. Es wird in ihr wachsen. Sie wird es in der Form weitertragen, dass sie als alleinerziehende Mutter ihre Tochter vom Kindergarten abholen wird, sie knuddeln und küssen wird, weil sie glücklich ist. Und warum ist sie glücklich? Weil du mit dazu beigetragen hast, dass ihr Tag etwas schöner geworden ist. Wenn das Kind von ihr fröhlich und glücklich empfangen wurde, ist es selbst glücklich und entspannt, und es schafft dann vielleicht das entspannte Einschlafen zum Mittagsschlaf. Währenddessen hat dann wiederum die Mutter etwas Zeit für sich, kann etwas tun, was sie glücklich macht.

Das alles sind Dinge, die du dir ins Bewusstsein holen musst. Mit einer freundlichen Geste, einem freundlichen Wort, mit einem Lächeln, einem Kompliment kann sich der ganze Tag der Briefträgerin und somit auch deren Tochter verändern. Du kannst dazu beitragen, dass sich der Tag positiv entwickelt, allein dadurch, dass du in der Lage bist, ihr mit ein paar lieben Worten oder einem Lächeln Kraft zu geben.

Es kommt letzten Endes auf dich allein an. Auf deine Menschlichkeit. Es ist wichtig, dass du dir bewusst machst, dass alles, die Bäume, die Autos, die Wirtschaft, die Frauen, die Männer, einfach alles miteinander zu tun hat. Sie schwingen in einer wundersamen Beziehung zueinander. Alles ist auf eine wunderbare Weise miteinander verwoben. Alles gibt dir Kraft. Gibt sich gegenseitig Kraft. Es ist nicht so, dass es für die Menschen schlecht ist, wenn es regnet. Es ist gut für die Menschen, wenn es regnet. Genauso ist es, wenn die Sonne scheint. Was in der Natur geschieht, von der Natur ausgeht, ist auch in irgendeiner

Weise gut für die Natur und für alle Lebewesen, die für die Natur gut sind.

Alles hat für alles einen Sinn.

Es ist mir ganz wichtig, dass du weißt: Wenn du jemanden beleidigst, wenn du jemanden beschimpfst oder schlägst, trittst du damit eine Kettenreaktion, eine Schwingung los, die sich entsprechend Ausdruck verschafft. Auch damit bewegst du etwas. Aber im negativen Sinne. Du beginnst im selben Wald zu zerstören, in dem Kinder ihren ersten Baum pflanzen, voller Glitzern in den Augen und mit freudiger Erwartung, im Hinterkopf den Gedanken an die Zahnfee, die morgen kommen wird. Überlege gut, bevor du niederreißt oder wo du bereits etwas kaputt gemacht hast. Vergebung ist nur möglich, wenn wir sehen, was wir nicht wahrhaben oder ungeschehen machen wollen.

Alles, was du dir in deinem Kopf suggerierst, was du dir selbst suggerierst, das löst ebenfalls eine Kettenreaktion aus. Wenn du dir etwas ausdenkst, wenn du an etwas glaubst. Vor allem aber, wenn du Glaubenssätze hast, diese inneren Sätze, die dir das Gefühl geben, gut oder schlecht zu sein. Die treten eben auch etwas los. Deshalb ist es mir so wichtig, dass du verstehst, dass nicht nur deine Gedanken und deine Worte etwas auslösen können, etwas bewegen in deinem Leben, sondern dass auch deine Taten teilweise Menschenleben verändern, Nationen verändern, Vorhaben verändern und auch Dinge verändern können, die du noch gar nicht erahnen kannst. Es wird oftmals über Generationen hinweg etwas verändert, wovon du jetzt noch gar keine Ahnung hast, dass du der Auslöser dafür warst. Zudem sollst du wissen, dass eine Aktivität im Universum immer in dem Maße ausschlägt, in dem es mit Energie aus der anderen Richtung gekommen ist. Gemäß der Geschwindigkeit und gemäß der zurückgelegten Strecke.

Deshalb möchte ich dich dafür öffnen, dich darauf vorbereiten, dass du mit jedem Wort, mit jedem Gedanken und mit jeder Tat etwas bewegen kannst, ja, etwas bewegst.

Es liegt einzig und allein in deiner Hand, ob aus deinem Leben etwas wird. Es liegt nicht immer in deiner Hand, ob du pleitegehst, ob du in einer Straße wohnst, in der nur arme Menschen wohnen oder ob du in einer Straße wohnst, in der nur reiche Menschen wohnen, aber es liegt ausschließlich an dir, ob du aus dem, was du hast, etwas machst und ob du aufstehst und dich wieder hochkämpfst, wenn du gefallen bist. Das sind meist die eigentlichen Sieger dieser Welt. Manchmal hilft dir schon ein Spaziergang in einem Viertel, der Wohlstand suggeriert, weil er dich unbewusst an deinen Glaubenssätzen arbeiten lässt. Je öfter du das machst, je häufiger du durch ein edles Viertel spazierst, desto wahrscheinlicher ist es auch, dass du dir solch ein Leben auch zutraust und vorstellen kannst. Du wirst deine Ziele höherstecken. Das Mögliche ist nicht unbedingt das Erreichbare. Das Mögliche ist erst einmal das, was als unerreichbar gilt. Was man durch die alltäglichen Schritte und Aufgaben als machbar erfährt.

Wenn du jeden Tag deine Schritte, deine TO DOES erledigst, deine Ziele aufschreibst, deine Möglichkeiten entwickelst, mit denen du etwas aus dir machen willst, dann wird das, was du haben, sein und können willst, erreichbar, möglich und machbar. Dann wird genau das, was du dir vorstellen kannst, auch in deine Realität treten. Du wirst dich wundern was alles für dich in deine Welt tritt, du wirst dich wundern, was alles für dich machbar sein wird, und du wirst dich vor allem auch wundern, wie manche Menschen in Zukunft auf dich reagieren werden. Am Anfang werden sie lästern oder lachen, sie werden gegen dich kämpfen oder mit dem Finger auf dich zeigen. Aber ich sage dir eines: Wenn du die Fähigkeit hast, etwas zu beginnen, was deinen Traum beinhaltet und wenn du dann nicht aufgibst, weil du daran glaubst, dass es für dich möglich ist, für dich machbar ist, dann wird es auch für dich erfahrbar sein. Ich glaube so sehr daran, dass ich sogar bereit dazu bin, mein Leben dafür zu geben. Ich würde alles dafür geben, anderes dafür loslassen. Ich würde tatsächlich alles dafür aufgeben, um meinen Traum zu verwirklichen. Um 100-mal Millionär zu werden und so anderen Menschen in ihrer Entwicklung zu helfen, sie zu unterstützen. Um ein bekannter Buchautor zu sein und Bestseller in Deutschland, den USA und der Welt zu veröffentlichen. Ich würde sogar meine Gesundheit dafür opfern, ich würde meinen Geisteszustand dafür opfern, meinen Körper dafür opfern, ich würde mein Leben dafür geben. Ich würde alles dafür tun, meinen Traum zu verwirklichen.

Diese 100 Millionen Euro würden ja nicht nur als Geld in mein Leben kommen, sondern auch als Motivationsredner/Buchautor und Unternehmer/ Leader eingesetzt werden können. Für die Menschen. Ich habe die Möglichkeit, anderen Menschen etwas zu geben, ihnen nicht nur etwas zu geben, sondern ihnen auch weiterzuhelfen. Dahingehend weiterzuhelfen, in ihrem Leben etwas zu bewegen und ihnen vor allen Dingen die Kraft zu geben, sich selbst zu helfen und auch selbst etwas zu bewegen. Geld ist gut, denn dafür gibt es etwas zu essen!

Ich bin völlig optimistisch und auch glücklich darüber, euch sagen zu können, dass es wichtig ist, einen Traum zu haben, seine Gedanken zielorientiert einzusetzen – und dass es wichtig ist, dass du dir bewusst machst, dass alles miteinander verwoben ist. Alles ist eins. Wenn du Geld hast, kannst du helfen. Wenn du Geld hast, kannst du Menschen zum Guten verhelfen. Wenn du Geld hast, dann kannst du Menschen Möglichkeiten erschließen und Türen öffnen, die sie gar nicht für möglich hielten.

Menschen, die dir sagen, dass Geld schlecht ist, die haben es in ihrer Kindheit nicht besser gelernt. „Geld macht nicht glücklich! Geld wächst nicht auf Bäumen! Geld kann man nicht essen! Geld

löst keine Probleme!" Denn Menschen denken manchmal, es
sei das Richtige, was ihre Eltern ihnen beigebracht haben. Aber
in 90% aller Fälle ist das einfach nicht alles. Die Eltern haben
ihnen das beigebracht, was sie selbst gelebt haben, weil sie es
nicht besser wussten. Sie wussten nicht, dass Geld nötig ist. Sie
wussten es nicht besser. Sie sagten, dass ein gesicherter Pfennig
ein verdienter Pfennig ist. Es ist immer noch ein Pfennig, es ist
immer noch ein Cent! Aber was kann man sich für einen Cent
kaufen? Du musst auch wissen, wie man diesen Cent Kinder
kriegen lässt und wie diese Kinder Kinder kriegen können.

Deshalb glaube an dich, denke an dich. Träume von deinen Zielen.
Setze dir Ziele, die dir auch das geben, was du in deinem Leben
erreichen kannst, was du erreichen willst.

Der Gewinner-Faktor

Wenn du einen Traum hast, gehörst du bereits zu den Gewinnern.
Nein! Das bedeutet nicht, dass du nichts mehr geben müsstest
oder dass du dich nach dem Start zurücklehnen könntest. Nein!
Es heißt aber, dass du bereits mehr tust als 97% der Weltbevölkerung. Manche ahnen zwar etwas von einem Ziel, welches sie
sich erträumen, aber nur die 3%, von denen ich rede, setzen sich
wirklich, ehrlich und reflektierend hin und denken so an ihren
Traum, dass sie ihn auch zu Papier bringen. Ich meine täglich.
Sie lassen den Prozess des täglichen Fokussierens auf die Ziele
zu ihrer Gewohnheit werden. Sie lassen es zu ihrem Mantra, zu
ihrer Mission werden. In dem Moment, in dem sie infiziert sind,
von ihrem Traum, ihrem Ziel, beginnt etwas Größeres in ihnen zu
wachsen, zu gedeihen. Sie fangen an, stetig, aber bestimmt, über
sich hinauszuwachsen. Jedes Mal, wenn sie aufstehen, glauben
sie nicht nur an ihre Träume, sondern sie handeln auch sofort.
Egal wie früh es ist. Egal welche widrigen Umstände sie erwarten
oder was ihnen bevorsteht. Sie nehmen einen Stift in die Hand

und beginnen zu erzeugen. Sie beginnen zu kreieren. Diese 3% erwecken ihren Traum zum Leben, BEVOR er Wirklichkeit wird, bevor sie ihn erleben und erfahren können. Sie tun Dinge wie Traumspaziergänge, oder sie fangen an davon zu reden, wie es um sie herum einmal aussehen wird. Sehr bald entsteht dann in ihrem Bauch oder vielleicht auch in der Brust ein Gefühl von Vorfreude, von Euphorie, und zwar genau in dem Augenblick, in dem der Betroffene ahnt, dass es wirklich für ihn ganz speziell möglich sein könnte. In diesem Augenblick ist der Prozess nicht mehr aufzuhalten, weil dieser Vorgang immer dann dieses Gefühl wiederholt zum Vorschein bringen und erzeugen wird, wenn der Organismus morgens zum Leben erwacht. Er sagt dann jedes einzelne Mal: „Genau dafür schlägst du, mein Herz!"

Wir müssen uns bewusst machen, dass wir das großartige Privileg haben, welches nicht viele haben, träumen zu dürfen, etwas aus unserem Leben zu machen. Es ist das Recht eines jeden, aber nur wenige können es für sich nutzen. Wenige haben diese Freiheit und werden nicht verfolgt oder haben genug Nahrung. Daher haben wir nicht nur das Recht, sondern auch beinahe schon die Pflicht, es auch ausführlich zu nutzen. Außerdem werden wir Genugtuung empfinden, wenn wir am Ende unseres Lebens zurückblicken und sagen können:

„Ich habe das meiste aus meinem Leben herausgeholt, und nun kann ich sagen, dass ich diese einmalige Chance, dem Herzenswunsch zu entsprechen, gefolgt bin und ihm Leben eingehaucht habe."

Kontrollierte Manie

Gibt es eine kontrollierte Manie wirklich?
Es ist ganz wichtig, dass du für deine Handlungen immer eine Ursache, eine reale Ursache, hast.
Damit meine ich, wenn du z. B. manisch bist, dann freust du

dich wahnsinnig, wenn du etwas machst. So wie ich 2010 etwa: Ich habe mich in den Flieger gesetzt, eine Firma gegründet, Autos gekauft und bin insolvent gegangen. Das ist das, was passieren kann, wenn du eine Manie nicht kontrollieren kannst. Wenn du Spaß daran hast, eine Manie auszuleben, ohne konkret Kontrolle ausleben zu wollen oder zu können.

Es ist ganz wichtig, dass du Frühwarnsymptome erkennst, dass du die korrekte Einnahme der richtigen Medikamente sicherst, dass du ausreichend schläfst und dass du dich vor allem, verdammt noch mal, hinsetzt, dir Mühe gibst und daran arbeitest:

Was ist eigentlich eine Manie? Wie rutsche ich in eine akute Manie hinein? Was ist, wenn ich in einer Manie bin? Was muss ich tun? Wen muss ich etwas tun lassen? **Ursache und Wirkung** ist da ganz entscheidend. Wenn du in einer Manie z. B. Informationen aufnimmst, dann ist das meistens unkontrolliert, und du gibst die Informationen in einer Manie auch unkontrolliert wieder. Das merken andere Menschen in deinem Umfeld an unkontrollierter Aussprache, an fahrigen Ideen, die du nicht zu Ende bringst und die du vor allem nicht klar aussprechen kannst. Da ist es ganz, ganz wichtig, dich darauf zu konzentrieren – wenn du schon so viel aufnimmst, so viele Informationen aufnimmst, einen gesteigerten Leistungsantrieb hast –, diese Informationen zu kontrollieren. Also zu überlegen, was du mit diesen Informationen machst. Sind diese Informationen Ursprung einer realistischen Ursache? Das ist ganz wichtig zu erkennen.

Wenn du z. B. 20 bis 40 bis 60 Stunden Material/Informationen darüber bekommst, was alles scheinbar schiefläuft in der Welt, dann musst du dir bewusst sein, dass das, was du an Informationen in deinen Kopf bekommst, keine Ursache in der Realität ist für eine realistische Auswirkung/Handlung.

Deswegen bringen sich auch so viele Menschen mit eine Psychose oder einer bipolaren Störung um, nehmen sich das Leben, weil sie z. B. das Gefühl haben: die Welt, alles Geheimbund, alles schlimm, alles schlecht, ich höre draußen Sirenen, sie holen mich!

Was macht der Psychose-Erkrankte oder der Bipolare/Schizophrene? Er denkt:

Geheimbund – Ursache

Und weil er das weiß und anderen Menschen davon erzählt, fährt draußen jemand vor, der mich gleich abholt.

Ursache – Wirkung

Was die meisten Menschen aber nicht verstehen ist, dass die Ursache nicht realistischer Natur ist. Also nichts ist, was wirklich stattfindet.

Deshalb sind diese Menschen so – und keiner kann es nachvollziehen –, dass sie eine irrationale Auswirkung einer Handlung erzeugen, nämlich den Selbstmord. Alle überlegen: Wieso hat der sich jetzt das Leben genommen? Wie bei meinem Vater, der erkrankt war. Warum hat er sich das Leben genommen, warum nimmt er den Strick und erhängt sich im Dachstuhl, obwohl er einen Job hat, obwohl er ein Haus hat, obwohl er eine gute, umsorgende Frau hat, obwohl er einen Sohn hat, obwohl er abgesichert ist?

Dass er aber im Kopf die Verfolgung hatte, die Angst hatte: „Okay, mein Gott, ich weiß etwas, was andere Menschen vielleicht schlecht finden, und deswegen holen die mich jetzt ... Aber ich bin denen einen Schritt voraus und nehme mir das Leben."

Das ist ganz, ganz wichtig. Dass du realisierst und signalisierst, auch anderen Menschen gegenüber: Ich bin in einer manischen Phase, in einer akuten Phase, aber ich habe eine gute Kontrolle darüber. Wenn nicht, hole dir bitte zu jeder Zeit Hilfe. Egal auf welchem Weg. Das ist Stärke.

Hier ein Beispiel:

Mein Kontostand: Nicht viel zum damaligen Zeitpunkt. In einer manischen Phase, früher, hätte ich alles genommen und auf den Kopf gekloppt. Dann hätte ich mir alles Mögliche gekauft, was man dafür eben bekommen kann. Ich hätte richtig einen drauf- gemacht. Und wäre dann pleite gewesen. Ich hätte meine Miete nicht bezahlen können, hätte mir für die Weihnachtstage kein Essen mehr kaufen können.

Es ist so wichtig, es ist so entscheidend, dass du trotz deines Bananenkopfes, den du dann hast, selektierst bzw. aussortierst: Was bekomme ich gerade an Informationen? Ist das eine reale Ursache, die wirklich passiert, kann ich sie fühlen, schmecken, riechen oder was auch immer? Oder ist das ein Hirngespinst, in dem ich drinstecke, aus dem ich eventuell nicht mehr herauskomme, wenn ich Handlungen nach sich ziehen lasse?

Es ist wichtig, dass dir das dann bewusst ist. Dass du bewusst auf dich achtest. Dass du genügend Schlaf bekommst, dass du auf deine Medikamente achtest. Es gibt inzwischen gute Psychopharmaka, die dir in diesem Fall helfen, es gibt gute Therapeuten, die dir in dem Fall helfen, es gibt gute Ärzte.

Ich wurde super ausgebildet. Seit 2005 wurde ich therapiert, wurde ich behandelt, wurde ich in 4,5 Jahren Krankenhausaufenthalt darauf vorbereitet, in der Gesellschaft wieder meinen Platz zu finden. Das können die wenigsten Bipolar-Erkrankten oder Psychose-Erkrankten oder Schizophrenie- Erkrank-ten von sich sagen. Deswegen ist es so wichtig. Kontrolle von anderen ist in dem Moment gut, wenn du selbst dabei bist, die Kontrolle zu verlieren.

Wenn du in einer Manie steckst und wenn du dich, so wie ich, nach London absetzt und eine Firma gründen willst oder dein komplettes Geld, auch das für die Miete, auf den Kopf haust, indem du mit drei Freunden in drei verschiedenen Taxen auf derselben Straße zu einem Zielort fährst, nur um deine 180,00 € Taxigebühr zu bezahlen. Ich könnte noch 1000 andere Geschichten erzählen ... Dann ist es wichtig, dass jemand die Kontrolle über dich übernimmt, dir dann Wege aufzeigt, wie du dich selbst kontrollieren kannst.

Wenn du dann aber in der Lage bist, so wie ich es nun bin, mit genügend Schlaf, mit der richtigen Medikation, Reflexion, Abgleich, Realitätsabgleich, die Manie bzw. die bipolare Störung zu kontrollieren und auch wieder in der Gesellschaft zu leben, in der Lage bist, alle Rechnungen zu bezahlen, einzukaufen, Beziehungen zu pflegen und auch nicht gleich wieder abzubrechen, dann bist du an dem Punkt, an dem du leben kannst. Und dann kommt auch wieder der liebenswerte und tolle Charakter zum Vorschein, den du bis zu deiner Erkrankung hattest.

Mir ist es wichtig, dass du weißt, dass du nicht aufgeben sollst. Dass du nie aufhören sollst zu kämpfen, weil es sich entweder für deine Tochter, für deinen Mann, für deine Frau, für deinen Vater, für deine Mutter, für DICH selbst, für deine Karriere lohnt. Lass dir helfen.

Ich bin gerade in einer akuten Manie und habe trotzdem alle Rechnungen bezahlt, ich habe Essen für 14 Tage im Kühlschrank und in der Speisekammer, und die Menschen, die mich mögen, umgeben mich auch in meinem Alltag. Sie können und wollen mit mir leben. Das war jahrelang nicht so.

Dies zum Thema kontrollierte Manie. Ich bin überzeugt, dass viele Ärzte und Professoren auf der Welt behaupten, dass man eine Manie nicht kontrollieren kann. Aber, liebe Leute: Es geht! Es funktioniert.

Du bist zwar konzentrierter, fokussierter und risikobereiter und du hast vielleicht auch ein paar fixe Ideen, die du dann bewusst nicht umsetzt. Aber es ist zu ertragen. Und im Notfall holst du dir wirklich mal Hilfe für ein paar Stunden, ein paar Tage oder vielleicht sogar für ein oder zwei Wochen. Aber du bist nicht unbedingt in der Situation, dass du vielleicht dich gefährdest oder Menschen in der Gesellschaft gefährdest.

Das ist das Entscheidende. Das ist das Wichtige. Dass es dir gut geht, dass es Menschen in deiner Umgebung gut geht, dass du Liebe zeigen kannst, Liebe empfinden kannst und dass du an Weihnachten, an dem so wichtigen Tag von Jesu Geburt, an Liebe denken kannst. Dass du nicht an Sanktionen denken musst, die Menschen für dich bereithalten müssen, damit du wieder in der Lage bist zu leben.

Denke an deine Lieben, denke an dein Leben, denke an dich, und sei einfach dankbar, wenn du feststellst, dass du Kontrolle über das Denken, das Sprechen und über das Handeln hast. Denn das haben viele Menschen nicht.

Ich wünsche dir von ganzem Herzen alles Gute, alles erdenklich Liebe und so viel Hoffnung und Zuversicht, wie ich sie die letzten Jahre durch Menschen, durch gesunde Menschen bekommen habe.

Danksagung

Es ist mir eine Ehre, mich bei dir, dem Leser, zu bedanken. Der den Mut hat, sein Leben mithilfe dieses Buches erneut in die Hand zu nehmen. Ich danke meinem Bruder, meiner Mutter, meinem Onkel und Hannah dafür, dass sie stets mein Antrieb und Halt in den besonders schweren Zeiten waren. Sie sehen Kraft und Hoffnung, wo gefühlt nie welche war. Ich bedanke mich auch, weil sie sich haben anstecken lassen – von meinen Träumen und meiner unüberwindbaren Willenskraft. Ich bin ebenfalls dankbar für jede Herausforderung, die sich mir in meinem Leben zeigte.

Dein Freund,
Mirco Wörmke

Mirco Wörmke, geboren 1990 in Niedersachsen, ist selbstständiger Buchautor und Motivationsredner. Geprägt durch das Erbe seines Vaters – einer bipolaren Störung –, dessen Selbstmord, die Scheidung von seiner Frau und der von seiner Erkrankung provozierten Pleite, hatte er eine Wahl. Er musste eine Entscheidung treffen: „Folge ich dem Vorbild meines Vaters, oder setze ich mich durch, mithilfe von täglich erbrachter Disziplin?" Dieser unbeugsame Willen brachte ihn dorthin, wo er heute ist. In ein Leben gefüllt von Träumen und Hoffnung.